U0932073

香港神學院

當代教會課題研討

當衝突遇上和好

鄧瑞強、趙崇明 合編

▼

香港神學院．當代教會課題研討

當衝突遇上和好

Conflict with Reconciliation

合編
鄧瑞強、趙崇明

執行編輯
梁冠霆

裝幀設計
奇文雲海．設計顧問

■

聯合出版

香港神學院
香港九龍塘
金巴倫道17號
BIBLE SEMINARY OF HONG KONG
17 Cumberland Road,
Kowloon Tong, Hong Kong
電話：(852) 2336-0088 傳真：(852) 2338-9908
網址：http://www.bshk.edu.hk

基道出版社
香港沙田火炭坳背灣街26號
富騰工業中心1011室
LOGOS PUBLISHERS
Unit 1011, Fo Tan Ind. Centre, 26 Au Pui Wan St.,
Shatin, Hong Kong
電話：(852) 2687-0331 傳真：(852) 2687-0281
網址：http://www.logos.com.hk

發行
基道出版社

承印
海洋印務有限公司

●

3/2012 初版
Cat. No. LP930
ISBN: 978-962-457-435-7

Printed in Hong Kong

刷次	10	9	8	7	6	5	4	3	2	1
年份	2021	2020	2019	2018	2017	2016	2015	2014	2013	2012

編者序

鄧瑞強

當上帝還未創造任何東西的時候，祂在其自身的三一關係中怡然自得。

當上帝創造人的時候，祂創造出「異於祂自己」的「異己」的存在。「異己」出現，很難再能怡然自得了。這是名副其實的創造。神學家說，上帝對人類而言，是「全然的他者」。若這說法屬實，則人類對上帝而言，也是一「全然的他者」。縱使在人的存在裏，有「上帝的形像」，但「上帝的形像」和上帝的本身，是完全兩碼子的事。猶如鏡中的像（image）與實在本身，是屬於不同範疇的存在。

如何與「異己」相對，是倫理學、政治學、社會學、文化學要處理的關鍵問題，也是上帝自己必須處理的「神學」問題。或許，只能待這「神學」問題得到解答，其他學科關於「異己」的問題才有終極解決的可能。作為上帝的「異己」的人，可以順服上帝，也可以反抗上帝。當人反抗上帝的時候，人作為上帝的「異己」的「差異性」便顯明了。面對這「異己」，上帝如何作工呢？上帝以大獨裁者的身分殲滅「異己」嗎？不是。上帝倒空自己，默然地愛，像那等待浪子回頭的父親一樣默然等待。這是一漫長的等待。這漫長的等待，成為我們歷史的底蘊。神學家稱這內藏上帝的大愛的歷史為「救贖歷史」。我們活在「救贖歷史」裏。每一刻，都內藏上帝的等待。上帝用愛、接納、寬恕、期待，去面對人類這個「異己」。

或許，有一天，作為「異己」的人面對上帝的時候，他意識到在他之外有一位「全然的他者」，他因此明白到自己的存在的邊界。或許，有一天，在這位「完全的他者」的默然等待裏，人學曉放下武器，放下那些用來攻擊一切他認為是「異己」的存在的武器。或許，有一天，人能在面對這位「全然的他者」時，學曉與所有其他「異己」相處之道。

基督教信仰，從來都是講述上帝和作為祂的「異己」的人相處的故事。這些相遇，從來都不是一帆風順的。上帝依舊默然等待，像那等待浪子回頭的父親一樣默然等待。聖經記述這些相遇故事，我們在這裏以神學和聖經研究的方式，重述這些故事。本書的第三部分，是一些實踐的建議，希望我們能從上帝與我們這些「異己」的相處方式中，學到與我們其他「異己」相處之道。

「異己」常在，衝突常有，但願我們能與天父在一起，默然盼望那「和平」的時刻。

二○一二年二月

寫於香港神學院

目錄

亦此亦彼的擁抱

1

從詮釋的衝突到衝突的詮釋

蘇遠泰

一 引言：由歷史回顧說起

德國聖經學者艾伯林（Gerhard Ebeling）曾說，基督宗教的歷史就是一部釋經史，[1] 雖然這有點言過其實，不過多少也反映了有關對聖經的解釋，乃是歷代基督宗教一個十分重要的課題。初期教會已有亞歷山太學派（Alexandrian School）提出「寓意釋經」（allegorical interpretation），主張經文是多義的，通過象徵的文字來表達，故此，真正的經文意義，往往隱藏在文字背後，要通過對象徵的詮釋來尋找上帝要表達的意思。但同期的安提阿學派（Antiochene School）則強調「字義釋經」（literal interpretation），以為按聖經的歷史和文法所閱讀出來的字面意義是最重要的，亦是經文的真正意思，即或經文有任何象徵性的意義，都必須建基在字面的意義之上。[2] 究竟每段聖經是單一意義，抑或是多層意義的呢？究竟應該看重經文的歷史文法的字面意義，抑或是隱藏於字面意義背後的寓意／象徵／屬靈意義呢？還是，問題是取決於哪人是詮釋者，哪人是受眾？究竟由誰來決定？

歷來對聖經的詮釋，構成教會內不少的分歧，嚴重者更會演變成教會內部的衝突甚至分裂。例如，初期教會的異端也運用不少「新約聖經」來支持他們的觀點（其實，當時教會還未確立新約聖經的正典〔Canon〕，教會所使用的是流傳下來的使徒書信，因此，嚴格來說，還未可以說他們在使用「新約聖經」），如同教會的領袖（主教、教父）使用「聖經」來支持自己一般。他們同樣訴諸於「聖經」，但因其對聖經不同經卷的重視，又有不同的解釋，故此便出現分歧。因教會的領袖是師承於使徒的教導，他們擁有使徒的權威（史稱「使徒統緒」〔apostolic succession〕），被認為可以正確地闡釋福音的內容，所以他們便成為「正統」，而反對者則成了「異端」——這便是權威釋經（authoritative interpretation），以教會的解釋為準繩。[3] 例如馬吉安（Marcion of Sinope，或譯馬克安）因把當時的希伯來經典（即基督宗教所說的舊約）全然拋棄，同時放棄了不少新約經卷，且在聖經解釋上又不同於教會的傳統，因而被定性為異端。[4]

雖然在宗教改革時期提倡「唯獨聖經」，但按麥格夫（Alister E. McGrath）的研究，馬丁．路德（Martin Luther）等威權式的改教者（magisterial reformers）並不是真的「惟讀聖經」，他們同樣支持初期教會的傳統，並以傳統為正確解釋聖經的指導——即在改教者心裏，聖經的解釋需要符合大公教會的傳統，傳統成了聖經詮釋的規範；他們未必認同權威釋經，但教會的權威（體驗在傳統上）至少是釋經者需要參考的。但對另一批激進的改教者（radical reformers）來説，傳統不應構成聖經解釋的任何攔阻，並認為每個人也有權在聖靈的帶領下，隨己意來解釋聖經，反對教會的壟斷——此點正是路德所質疑的，因他認為如此純粹的個人主義釋經，必然導致神學上的混亂。[5] 不同的改教者均強調聖經在基督宗教內的重要性，但基於對聖經詮釋有著不同的理解和方法，使他們互相討伐，更因激進的改革派（又稱重洗派〔Anabaptist〕）不接受嬰兒洗禮（因沒有聖經明文教導，而只有傳統的支持），導致威權式的改教者贊同對他們的迫害，而雙方的衝突和決裂也愈演愈大。

雖然宗教改教者把聖經的解釋從教會的獨斷中釋放出來，並交回到信徒手中，讓他們可以自行閱讀；但問題是，如何閱讀？怎樣去解釋才是符合上帝心意的解釋？當沒有了教父的指引，沒有了使徒統緒的權威，又如何肯定你的詮釋是正確、而我的詮釋是錯誤的呢？即或訴諸於某某方法（例如歷史批判、文學釋經、歷史文法釋經等等），為何某種方法較其他方法更合適於解釋聖經呢？不難想像，如此的自由釋經，容易令信徒產生衝突，尤其是一位敬虔的基督徒，當他／她小心謹慎、盡其所能地解釋聖經時，他／她自然覺得自己的解釋就是上帝的心意。既然聖經是上帝的話語，又經過嚴格的釋經後（至少釋經者覺得如此）尋到上帝的心意，信徒便不容易放棄自己的觀點，甚至排斥不同的詮釋，更甚者是產生對異己的排斥。由對釋經結果的排斥，延伸至對釋經者本人的排斥，在教會歷史裏屢見不鮮，亦構成不少教會內部的衝突。

我並不是説，所有教會內的衝突都因詮釋聖經的衝突而起，因教會內的衝突還有許多不同的原因，但教會的衝突確又往往伴隨著詮釋的衝突（conflict of interpretation）而起。本文以下部分，嘗試以兩個個案討論詮釋的衝突，期望在探究這些個案之後，我們便可以對教會的衝突作一點詮釋和反省，嘗試分析和尋找衝突之源，並讓我們盡量保持警惕和避免教會衝突的發生。

二 詮釋的衝突

1. 個案一：路德與慈運理在聖餐上的衝突

雖然宗教改革提出「唯獨聖經」的口號，卻不代表當時的大公教會（Catholic Church，有時會翻譯為天主教）不尊重聖經的權威。歷代教會均強調聖經在信仰和信徒生活上的重要性，但正如路德所意識到的，問題出現在如何解釋聖經上。中世紀流行一種「四重釋經法」（拉丁文是 *Quadriga*），每段經文均有四個不同向度的解釋：字面意義，描寫上帝在歷史的工作；寓意意義，與我們的信仰有關；道德意義，信徒的日常生活原則；末世意義，涉及末世的事情。對此，路德和慈運理（Ulrich Zwingli）均受影響，他們未必完全接受四重法，但至少認為經文可以擁有多層的意義。由於他們二人均受到當時的人文主義學術氛圍的影響，他們尤其重視經文的字面意義，以為那是釋經的基礎，其他的意義均需要從字面意義而來。按麥格夫的分析指出，到了後期，他們二人的釋經重心，亦慢慢由字面意義轉向其他的意義：後期的路德由字面意義轉向更為重視道德的意義，而慈運理則轉向寓意的解釋。[6] 從有關聖禮（sacraments）的爭論中，我們可以看到他倆在詮釋聖經上的差異，從而出現宗教改革羣體內很大的衝突。

中世紀的教會掌管著人的救恩，其手段就是通過聖禮的執行，信徒藉著聖禮，從而取得上帝所賜的恩典。在當時的七個聖禮中，尤以彌撒是信徒經常接觸的（信徒不能參與彌撒，只能望彌撒），而彌撒的高潮就是聖餐禮（Eucharist）。教會相信，當餅和酒被祝聖後，雖然外貌並沒有改變，仍舊是餅和酒，但其本質已變成耶穌基督的身體和血。因此，在祝聖時，就是把基督作為祭牲再次獻上；當信徒吃下餅後（當時教會不許信徒飲杯），就相當於吃下基督的身體，從而真實地領受基督，與基督有分，獲得拯救——這一般被稱為「變質說」（transubstantiation）。[7]

宗教改革後，信義宗的路德和改革宗的慈運理均不同意變質說，可是，他們所持的理據卻有不同。路德之所以反對變質說，是因為他反對教會借用亞里士多德（Aristotle）的哲學於中世紀的經院哲學中，以「本質」（substance）與「屬性」（accident）之分別來解釋變質之說，即餅和酒的屬性在祝聖後保持不變，而它們的本質卻變成基督的身體和血。但路德卻同時接受基督的身體和血是伴隨著、存在於餅和酒之中——路德反對的是變質說的解釋，卻認同基督是「真實臨在」（real presence）於餅和酒之中。路德以馬太福音二十六章26節中「這是我的身體」為聖經的支持，他認為經文的意思十分明顯，無需多作解釋，這個「是」是按一般字面意義解釋，有「就是」、「即是」、「等於」的意思，直指祝聖後的餅「就是」基督的身體。[8]

而慈運理基本上是懷疑「聖禮」的觀念的，他以為所謂的「聖禮」不過代表一種「誓約」（oath），是上帝對其子民的信實所遺留下來的記號。因此，聖禮其實是通過某些儀式，叫信徒可以看到、聽到、接觸到、回想到上帝的應許的記號，同時給信徒一個機會，讓他們的信心得以公開宣示；亦因此，在聖餐禮中，餅和酒是記念基督的受苦，而不是獻祭。慈運理反對路德對「這是我的身體」的解釋，認為這個「是」不應按字面解釋，並不是「等於」的意思，而應按隱喻的意思解釋，有「表示」、「表明」的意思——餅和酒表明基督為我們捨身和流出寶血。慈運理贊同當時一位丹麥律師漢恩（Cornelius Hoen）的信件所說，當基督說「我就是生命的糧」（約六48）時，這明顯不可能指基督就是生命麵包，而應按象徵的方法，表明基督是信徒生命所需要的糧食，為信徒的屬靈生命提供養分。[9]

我們或以為路德與慈運理之爭，是基於各自採用不同的釋經方法：路德用字義釋經，慈運理則用寓意／象徵釋經，但實情較此複雜。當慈運理反駁路德所主張的基督是真實臨在於餅和酒時，慈運理引用聖經指出現今「基督在上帝的右邊」，[10] 雖然他並沒有指明基督究竟身在何處，但他按「上帝的右邊」的字面意思理解，即基督真的在上帝的「右邊」，所以祂不能同時真實臨在於餅和酒裏。但路德卻認為「上帝的右邊」只是一種隱喻的手法，不可按字面意思解釋，而應是按「上帝能力的範圍」或「上帝的管治」等寓意的解釋。[11] 何況，路德以為基督是無處不在的，怎可能被限制在某處呢？慈運理則反對路德此點，因他認為雖然作為上帝的基督是無處不在，但基督復活後的身體卻是屬人的身體，並不是無處不在的；基督的神性是無處不在，但屬人的身體卻不是，而是固定在某處，即在上帝的「右邊」。[12] 在基督是否真實臨在的討論上，這趟路德卻採用寓意釋經，而慈連理則按字義釋經，方法是對調了，但因神學上的意見分歧，詮釋仍是衝突。

這個衝突並非只停留在詮釋聖經的衝突上而已，其後果還十分嚴重。在德國信義宗和瑞士的改革宗分別脫離羅馬天主教後，為了可以更好地結集改教的力量，當時基督新教的伯爵領主黑森親王腓力（Phillip of Hesse），在一五二九年於馬爾堡（Marburg）召開了一個對談會，邀請了不同的改教家參加。當他們欲制定一套共同的信仰宣言時，路德和慈運理均同意前十四條條文。到了第十五條條文，共分六點，他們亦可以同意其中五點，只剩下有關聖餐中餅與酒是甚麼、基督是否真實臨在的問題，在這一問題上，彼此各不相讓，最終彼此衝突導致分裂，未能合一，並削弱了宗教改革的團結力量。[13]

2. 個案二：王明道與吳耀宗在新舊派上的衝突

王明道是一位我十分敬仰的中國教會傳道人，雖然，他的神學並非我所認同的。王明道在上世紀五十年代對三自教會的抗拒、反駁、批判，最終入獄坐牢，仍堅持信仰，死守真道，那份殉道士的犧牲精神，真叫人不得不佩服其信仰的堅貞和人格的高尚。[14] 王明道深信聖經是上帝所默示的，因而聖經具絕對的權威性。王明道反對說聖經混雜了若干不可信的記載和人的意見與理論，因他堅持，人根本沒有能力分辨聖經中甚麼是可信的，甚麼是不可信的，人的見解不過是「夏蟲井蛙」之見而已。[15] 正如他曾批評趙紫宸在講述耶穌的事迹時，認為福音書內某些部分可信，但某些部分卻是荒渺無憑的傳說，這是完全基於趙紫宸的喜好。更重要的是，如何分辨哪些是事實，哪些是傳說呢？正如王明道所說：「如果耶穌復活是『傳說』，那麼，記載這種『傳說』的新約裏面所記載的事，趙君能保證有幾段不是『傳說』嗎？」[16]

王明道不接受聖經以外任何權威，尤其不接受那些他認為不合聖經真理的教會遺傳，而理性和經驗亦需要服膺於聖經的權威之下。他經常強調：「凡是聖經中所講的，我都接受，凡是聖經中所沒有的，我一點也不要他們。我的信仰和我所傳的信息都是要完全回到聖經去。不論多少人從聖經中減去一些真理，也不論多少人在聖經以外加添一些遺傳，我總要信聖經裏所有的，不能少也不能多。」[17]

故此，王明道特別痛恨「現代派」(modernist)，並以「基要派」(fundamentalist)自居，因現代派以人的理性和經驗來否定基督教內的基要信仰，包括質疑聖經的權威及教會傳統對聖經的解釋、否定道成肉身、不相信基督的代贖、否認復活、不信主再來等等。而其中一位王明道批評的對象，就是在往後成為三自愛國運動領袖的吳耀宗。[18] 當王明道以聖經來支持自己的觀點時，我們很容易可以發現，他往往列舉出多段經文，並認為經文的意義是相當明顯和清楚的，無須多作解釋人也可以明白。因此，王明道的釋經甚至乎不屬於字義釋經，而是「字面主義釋經」(plain interpretation)。他堅持按經文的字面表面的意思(plain meaning)，再加上以經解經，不同經文可互相闡釋對方的原則，基督徒根本沒有可能否定基要信仰。例如他曾說：

> 世上一切真實的基督徒信仰本來應當相同，因為他們所信的基督是一位，所事奉的神是一位，所領受的聖靈是一位，所讀的聖經也是相同的。使徒時代的教會中沒有各種不同的信仰。那時候一切信主的人都信耶穌被掛在木頭上為人類贖罪；都信耶穌從死人裏復活，以後升到天上，坐在神的右邊；都信耶穌要從天上降臨，迎接他的門徒，那些死了的聖徒都要復活，成為不死的，那些活著的聖徒身體也要改變，以後他們要永遠與主同在，並要在主耶穌在地上立國的時候和他一同得榮、掌權、

治理世界。這些重要的信仰，我們可以在使徒行傳和各卷書信中清清楚楚的看出來。[19]

對聖經批判學，王明道乃持否定、抗拒的態度。他批評「不信派」（即現代派）所用的批判學割裂和不信聖經，他們視相信和尊重傳統聖經教導的人為迷信和腐敗，[20] 又否定神蹟，往往以一種「荒謬」的解釋來抹煞聖經中的神蹟奇事，[21] 是毀壞聖經和敵擋基督的真理，只會引致信徒離開信仰，教會成了撒但的大本營。王明道曾如此批評聖經批判學對信仰的破壞：

有時這位神學深邃的牧師也講聖經，他會教訓人說：「創世記的前幾章是巴比倫的神話。但以理書是在書中所記的事都成就以後所寫的。約伯記是古代的寓言，約拿書是以色列國民間的故事。耶穌由童女降生是毫無根據的傳言，耶穌代人贖罪是猶太人傳統的宗教觀念。基督復活乃是說他的精神不死事工長存，並不是他的身體實在出了墳墓。基督再來掌權，乃是指著將來有一日世上的人都作了他的門徒，就好像他來到世間掌權為王了。」這些毀壞聖經敵擋基督的道理，講來講去把幾個信仰堅固虔誠愛主的信徒講得都退出教會再不到這禮拜堂來，那些信仰不堅固的信徒把他們的信仰都喪失淨盡。基督的教會到這時完全變成撒但的大本營了。[22]

與王明道相反的，是另一位中國教會史裏重要的人物吳耀宗。王明道從沒有唸過神學，他是自行閱讀聖經來理解信仰，可說是「惟讀聖經」的代表；[23] 但吳耀宗卻曾在當時思想最前衛的現代派紐約協和神學院（Union Theological Seminary）進修並獲碩士學位。[24] 當時身在美國的吳耀宗，曾經歷過關於「現代派」和「基要派」的激烈爭辯，他發現所謂的基要派，就是只尊重信仰而不管理智，認為聖經裏每一個字都是上帝所默示的一種派別；而所謂的現代派，就是主張用科學的態度、歷史的方法，去批評、洗刷傳統基督信仰的一種派別。[25]

吳耀宗否定聖經裏的一字一句都是上帝所默示的，故此亦不接受聖經是無謬誤之說。反之，他接受聖經高等批判學（higher criticism），認為聖經的寫成雖有上帝的啟示，但不能根據字面去解釋，而必須同時參照成書的背景、文化、社會及歷史等諸種因素，因而接受天演論（即進化論）而不接受創世記中有關人類的由來。聖經不是一本一字不錯的科學或歷史教科書，而只是信仰和生活的一個可靠的指導。因其成書過程經歷一千年之久，說它是毫無錯誤是難以接受的。[26] 同時，他又以為聖經內確有一些容易明白的經文，沒有甚麼神祕性，可以讓一般信徒讀通的；但另一些部分卻有不少難懂的地方，尤其是指那些神蹟、離奇的寓言、神怪玄妙的思想，原因明顯是這些記載跟科學和理性有所違背。他又發現，四本福音書對同一個記載確有互相出入、矛盾的地方。[27]

從以上簡單的介紹，我們已可知道，基於他倆對聖經的南轅北轍的理解，他們的詮釋結果必然有著無可避免的衝突。讓我們從他倆如何理解「福音」的內容作一比較。

吳耀宗主張的是「社會福音」而反對「個人福音」。個人福音是指「以為有了心的轉變，便會有人的轉變，有了人的轉變，便會有社會的轉變；所以他們只注重了個人 —— 個人的『心』，而忽略了整個社會的關係。」[28] 吳耀宗閱讀福音書內的耶穌時，明顯是運用了當時聖經批判學的成果，指出耶穌及其世代的猶太人所關心的，不是個人的靈魂是否得救上天堂等等的問題，反而是關心當時猶太社會在政治上的壓迫和反抗（受羅馬政府的管治及奮鋭黨的革命）、社會的環境（有奮鋭黨、愛尼森、撒都該、法利賽、默示派之分），以及經濟的狀況（人民可以安居樂業、飽食煖衣嗎？）。正是耶穌的教訓與整個社會和民族存亡有關，才能吸引那麼多人跟從祂。而耶穌傳道所說的：「天國近了，你們應當悔改」，不是指空洞的天堂福樂，卻是連於舊約先知的傳統，具有社會和宗教的理想，就是脫離異族的羈絆，實現公平的政治，建立一個自由、公平、富庶的國都。[29] 耶穌的福音是社會性、政治性和現世性的，不是如個人福音般鼓吹信徒去培養個人靈性，離開社會。吳耀宗並非否定靈修的工夫，只是否定那種脫離社會脈絡，單顧自己利益，只在個體心靈深處去尋找上帝的個人福音。他引用馬可福音十二章 30 至 31 節及約翰一書四章 20 至 21 節而指出，真正愛上帝的人，就要愛弟兄，這是關乎社會關係裏的事，是關乎全人類的事。[30] 而提倡個人福音的奮興派，因只注重個人得救，注重人神交通，注重基本信條，又輕視注重儀式的宗教、注重理智的宗教和注重社會的宗教，因而缺乏生命力。奮興派把社會福音看作異端，又認為基督徒不應過問政治，但自己卻和政治上的右派的思想完全打成一片，與資產階級共謀，成為一種麻醉的作用。[31]

王明道的意見是完全相反的。當他閱讀聖經的福音內容時，是以基要信仰的立場來闡釋的，同時，他是按經文的字面意義（並且是《和合本》的字面意義）來釋經的。王明道多次把人生最要緊、最關切的問題，定性為人生中的生命短促，怕死又不能免於死亡，所以福音的內容就是要解決人生的問題，傳揚耶穌基督救世人出死入生的恩典。因此，王明道主要引用約翰福音來支持福音的內容，就是與有永生、永遠活著、永遠不見死、復活、永遠不死、再來接信徒到祂那裏去等等有關的內容。[32] 而王明道則強烈地批評社會福音並不是真正的福音，甚至引用保羅在加拉太書一章 9 節的經文，指出凡批評那些傳福音者所傳的內容與王明道所堅持的「個人福音」不同的人，其批評不單不是心胸狹窄，還是極正當、極合理的行為 —— 王明道在此所批評的正是社會福音。他以為社會福音是不合聖經的，首要的原因並非因為社會福音對社會問題的關切，而是社會福音否定「注重個人悔改、重生、得救、進天國」，並認為那是「一種自私、狹義的道理」。王明道反對社會福音的倡導者把傳統的福音內容（個人福音）掏空，這意味著否定基要信仰，否定王明道所認為是從聖經字面意義最容易、最直接獲得的信息。[33] 福音之所以是福音，正因為它可以解決人生苦短而人又怕死的事實，而社會福音未能給予信徒永生的盼望，只講社會改良，最終努力也是枉然的。[34]

王、吳兩位先生因其聖經觀和神學前設的不同，產生對聖經內所說的福音完全不同的理解，從而在自己的文章內批評對方及對方的立場並非福音的真義，王明道批評吳耀宗為「不信派」和「現代派」，[35] 而吳耀宗批評王明道之類的人所教導的為「麻醉式的宗教」。[36] 王明道因其跟現代派在信仰上的衝突，以此為藉口不願跟現代派有任何關聯，甚至為了堅守基要真理的緣故，寧願與他們分離也不願合一。[37] 而王明道亦正以此理據拒絕加入三自教會，因他以為三自內有像吳耀宗般的「連上帝都不相信」的人。[38] 王明道不願加入三自，是基於信仰上的理由，而非政治上的理由。

三 衝突的詮釋

首先，我想指出的是，本文並非要評論哪種釋經方法是最好、最合宜的，或各種釋經進路孰優孰劣，這並非我的能力所及，亦不是本文的重點。我想達到的目的，是通過探究上述兩個「詮釋的衝突」個案，察看衝突的成因，究竟有甚麼深層的結構，令均是尊重聖經的雙方，仍然避免不了衝突的發生，甚至分裂告終。

究竟採用不同的釋經方法是否引致詮釋衝突的原因？我認為釋經方法可能引致衝突，但並非必然。早期教會的亞歷山太學派和安提阿學派就強調不同的釋經進路（字義對比於寓意），兩派在基督論上的一性抑或是兩性、道肉（*logos*-flesh）抑或是道人（*logos*-man）的爭論上，因而也有明顯的區別；[39] 但即或採用相同的釋經方法，亦不代表詮釋的衝突不會發生。例如，現代聖經學者就但以理書的寫作日期曾有過熱烈的爭論，他們均接受以歷史、文法、文化、原文的方法來探求究竟但以理書是寫於公元前六世紀（早期說）抑或是公元前二世紀（後期說），方法是相同的，但結論卻迥異。[40]

值得注意的是，在路德與慈運理的個案中，我們可以發現釋經方法並非詮釋衝突的主因；反之，是他們的釋經結果引發了衝突：路德以為基督是真實臨在於聖餐之中，慈運理則認為聖餐不過是基督恩典的記號，但他們均是自由地在不同的經文上選用不同的釋經方法。究竟，是甚麼引致他們在詮釋同一段經文時，會出現不同的詮釋結果呢？現代詮釋學大師伽達瑪（Hans-Georg Gadamer）提出人是歷史性的存有，人並非擁有永恆不變的本質，反而是經歷過許多歷史事件所模造的。要認識一個人，不能像科學的方法般把被認識的人視為客體，認識者則為主體，而忽略歷史在整件認識事件上的關鍵性，因為連我們的理性亦只可以使用歷史詞彙來進行。人對自身／別人的認識，是必然要在身處的家庭、社會和國家等等的環境之內進行的，而所處的環境和曾經歷的歷史，均構成一個人的前見（prejudice），而人是先有歷史的前見，才有理性的歷史判斷。[41] 再說得簡單一點，原來在人的詮釋過程中，前見所起的作用是優先的和必然的，沒有前見，人就沒有理性思考和解釋的可能 —— 人的閱讀是必然帶著「有色眼鏡」的，並沒有純粹、客觀的閱讀。這副有色眼鏡可以包括我們的歷史構成、我們的傳統、或說我們的神學。

雖然宗教改革後我們提倡「唯獨聖經」，但無可避免地，我們是按我們的神學思想來決定我們如何詮釋聖經的。我不是說我們應該把自己的神學思想讀進（read into）經文裏，經文應該擁有它的權威和他性（otherness），並告訴我們一些我們不懂得的事情。但問題是，我們亦無法避免我們必然按我們的前見（或說我們的神學選取）來閱讀聖經，在詮釋的過程中，我們的前見和所期望得到的釋經預期（expectation）發揮著作用，令我們在理性的詮釋過程中，傾向選取有利於見到預期的選擇。正如王明道強調傳統基要的真道，故此在福音的詮釋上，亦樂見傳統的個人福音，而憎恨有違／有害於拯救個人的社會福音理論；吳耀宗從讀神學開始就充滿挑戰傳統信念的誘因，不單挑戰基要主義的聖經觀，更不滿傾向右派的保守主義的個人福音理念。故此，神學的預期先於聖經的內容，個人的選取大於聖經的可能性，這亦由此構成不可磨滅的詮釋衝突。

可能有人會說，只要大家按正意分解真理的道，以合宜的釋經方法，讓聖經自己說話，不要神學先於聖經，不應在讀經之時有前見，問題豈非能迎刃而解嗎？這是我常常聽到的一般答案。問題是：正如現代詮釋學告訴我們的，我們是無法排除前見來詮釋，亦不可能有純粹客觀的閱讀。因此，上述的答案不過是一個「空話」，沒有實現的可能；或說，如果這是可能的話，不過是通過權力的伸展，令某種具前見的閱讀，被強制地理解為客觀純粹的閱讀、聖經的意思、上帝的旨意云云罷了 —— 我們再一次回到權威釋經的懷抱！

原來，詮釋的衝突是基於詮釋者在神學前見上的差異：路德接受聖禮的觀念，慈運理卻認為那是一種紀念的象徵；王明道堅持基要信念，吳耀宗則持批判的態度。問題是：沒有任何兩個人的神學前見是完全一致的，當出現神學前見的差異時，就必會產生詮釋的衝突嗎？從而產生教會的實質衝突嗎？按我們在上面的分析，神學前見的差異是不可避免的，從而詮釋的衝突亦是不可避免的。我懷疑會否有兩個理性的人，在解釋同一段經文上可以得出完全相同的答案，神學的差異是會引致詮釋的差異／衝突。但神學上的差異，卻只是教會的實質衝突的必要條件，並非充足條件 —— 當教會出現實質衝突時，必然是因為我們的神學或釋經結果上的不同，但神學或釋經結果的不同，並不充分產生教會的實質衝突結果。

按我的觀察，構成教會實質衝突的充足條件，是一種自以為是的態度，認為自己的釋經就是真理，把自己的釋經結果等同聖經的權威。當一個人以為自己擁有了真理，以為自己就是真理的代言人，一種「你要聽我的」態度就容易出現。神學的不同、釋經的不同，只代表你我之間存在差異，沒有甚麼大不了；但當我堅持我的釋經才是惟一合法／合理的時候，既然我是正確的，你的便只可以是錯誤的了！

今天，教會內不少的實質衝突，究竟有多少是基於這種「惟我獨尊式」的真理觀呢？當我們在一個問題上有兩個選擇時，非此即彼（either-or）未必是最好的抉擇，反倒雙贏（both-and）可能是更佳的考慮。究竟福音是否可具備個人得救的祝福，同時又充滿對不公義世代的審判和改造呢？既然王、吳二人並不必然否定社會福音或個人福音，只是孰先孰後的問題，為何總要爭辯得死去活來呢？另外，為何不可以接納聖餐和福音具多元的詮釋，各人可按自身的傳統和領受，在寬鬆可接受的範圍內彼此尊重呢？

因此，我想在文章結束前，提出對話（dialogue）的重要性。在面對真理上的爭論和衝突時，我們無須爭個面紅耳赤、你死我活，可以「坐低，飲杯茶，食個包」，然後大家開心見誠展開對話。而對話的先決條件有二：一、我跟你有差異，若無差異，亦無須對話；二、我跟你是可以藉著溝通來增進彼此的了解的，若不如此，對話便是枉費工夫。當我們在對話時，要抱持以下的態度：

1. 充分了解自己的立場；
2. 認定自己並沒有擁有一切真理，要站在對等的立場，開放面對別人的挑戰；
3. 放棄以堅持自己立場為對話目標，有欣賞別人的心；
4. 努力了解對方的內容，並嘗試進入對方的論據之處；
5. 願意在合理的情況下，重新思想自己的立場，並為真理的緣故，有改變自己見解的可能。[42]

先肯定多元（plurality）的價值，提防單一、排他的心態，同時又肯定別人是按上帝的形像被造，同樣有尋得真理的可能性，常存「三人行，必有我師」的謙虛和學習心態。審視自己，聆聽別人；謙虛自己，欣賞別人。在差異中肯定我們的共同點（similarity-in-difference），大家都是為主事奉，為教會益處著想嘛！和而不同，不把對方視為「除之而後快」的對象——衝突未必因此就可以避免，但至少殺傷力可以減少，大家復和的機會亦可以提升。

史丹福大學（Stanford University）心理學系的一組教授，就曾把支持死刑和反對死刑的人各自分為兩組，然後提供給他們詳盡的支持及反對死刑的相關評論。當他們閱讀所有資料後，支持死刑者認為支持死刑的評論是詳盡、確實和重要的，而反對死刑的評論卻瑕疵重重；至於反對死刑者的結論卻剛好相反。心理學家的結論是：「相較於實驗開始的情況，支持者回覆他們更贊成死刑，而反對者則回覆他們更不贊成死刑。」[43] 這個實驗正好告訴我們，我們是偏好地選取支持自己觀點的證據，卻在有意無意間忽略反對的論點，而問題還會一步一步嚴重化和兩極化。當我們不願意聆聽別人，不願意與別人對話，又認為自己是最正確之時，衝突就真的是無可避免了。

註 釋：

1. Gerhard Ebeling, *The Word of God and Tradition: Historical Studies Interpreting the Divisions of Christianity*, trans. S. H. Hooke (London: Collins, 1968), 11 ~ 31.
2. 參 Robert Grant with David Tracy, *A Short History of the Interpretation of the Bible*, 2nd ed. revised and enlarged (London: SCM press, 1984), 52 ~ 72。
3. Grant and Tracy, *A Short History of the Interpretation of the Bible*, 73 ~ 82.

4. 參哈納克（Adolf von Harnack）:《論馬克安：陌生上帝的福音》，朱雁冰譯（北京：三聯，2007）。
5. Alister E. McGrath, *Reformation Thought: An Introduction*, 2nd ed. (Oxford: Blackwell Publishers, 1993), 144 ~ 147.
6. Alister E. McGrath, *The Intellectual Origins of the European Reformation* (Oxford: Blackwell Publishers, 1987), 152 ~ 174.
7. Hubert Cunliffe-Jones ed., *A History of Christian Doctrines* (Edinburgh: T&T Clark, 1978), 246 ~ 247.
8. McGrath, *Reformation Thought*, 165 ~ 168.
9. McGrath, *Reformation Thought*, 170 ~ 172.
10. 聖經內有很多經文指出，現今基督是在上帝的右邊，包括：徒七 55 ~ 56；羅八 34；弗一 20；西三 1；來八 1，十 12，十二 2；彼前三 22。
11. McGrath, *Reformation Thought*, 168 ~ 170, 173 ~ 177.
12. 奧爾森（Roger E. Olson）:《神學的故事》，吳瑞誠、徐成德譯（台北：校園書房，2002），頁 485 ~ 487。
13. McGrath, *Reformation Thought*, 180 ~ 181.
14. 詳參王長新：《又四十年》（多倫多：加拿大福音，1997）。
15. 參王明道：《我為甚麼信聖經是神所默示的》（香港：恩光，1955 初版，1984 三版），頁 84 ~ 85。
16. 引自王明道：〈耶穌復活究竟是甚麼意思呢？〉,《真偽福音辨》，王明道著（香港：晨星，1987 四版），頁 93。
17. 引自王明道：《五十年來》（香港：晨星，1996 十一版），頁 125。有關王明道的聖經觀和釋經學的討論，可參蘇遠泰：〈剖析王明道的聖經觀與釋經學〉,《建道學刊》第 12 期，1999 年 7 月，頁 297 ~ 323。
18. 王明道對吳耀宗的現代主義批評，參王明道：〈我們是為了信仰〉,《五十年來》附錄，頁 25 ~ 39。吳耀宗對現代主義的介紹，參吳耀宗：〈三十年來基督教思潮〉，載《黑暗與光明》，吳耀宗著（上海：青年協會，1949），頁 189 ~ 191。
19. 引自王明道：〈信仰不同呢？沒有信仰呢？〉,《真偽福音辨》，頁 166。
20. 王明道：《我為甚麼信聖經是神所默示的》，頁 62。
21. 王明道：〈謹防假師傅！〉,《真偽福音辨》，頁 42 ~ 43。
22. 引自王明道：〈在泰山上看見的一件事〉,《現代教會的危險》，王明道著（香港：恩光，1995），頁 42 ~ 43。
23. 參蘇遠泰：〈三位一體與唯獨聖經〉,《建道學刊》第 25 期，2006 年 1 月，頁 117 ~ 139。
24. 謝龍邑：《委曲求全？——吳耀宗的生平與救國情懷》（香港：基道，

1995），頁 19。

25. 吳耀宗：〈基督教與唯物論〉，《黑暗與光明》，頁 78 ～ 79。
26. 吳耀宗：〈三十年來基督教思潮〉，頁 189 ～ 190。
27. 吳耀宗：〈基督教與唯物論〉，頁 77。
28. 吳耀宗：〈社會福音與個人福音〉，《社會福音》，吳耀宗著（上海：青年協會，1934），頁 28。
29. 吳耀宗：〈社會福音的意義〉，《社會福音》，頁 1 ～ 10。
30. 吳耀宗：〈社會福音與個人福音〉，頁 29。
31. 吳耀宗：〈中國的反基督教運動〉，《黑暗與光明》，頁 205 ～ 206。
32. 經文包括：約三 16，六 51，八 51，十一 25 ～ 26，十四 1 ～ 3。參王明道：〈我們應當注意來生的道理麼？〉，《真偽福音辨》，頁 9 ～ 14。
33. 王明道：〈一共有幾個福音呢？〉，《真偽福音辨》，頁 1 ～ 8。
34. 王明道：〈我們應當注意來生的道理麼？〉，頁 10 ～ 11。
35. 王明道：〈我們是為了信仰〉，頁 38。
36. 吳耀宗：〈中國的反基督教運動〉，頁 206。
37. 王明道：〈合一呢？分離呢？〉，《真偽福音辨》，頁 32 ～ 37。
38. 王長新：《又四十年》，頁 53。
39. 參凱利（J. N. D. Kelly）：《早期基督教教義》，康來昌譯（台北：中華福音神學院，1988），頁 191 ～ 211。
40. 可參張永信：《但以理書注釋》（香港：宣道，1994），頁 45 ～ 93。
41. Hans-Georg Gadamer, *Truth and Method*, 2nd revised ed., trans. Joel Weinsheimer and Donald G. Marshall (New York: The Continuum Publishing, 1996), 265 ～ 277.
42. 以上數點是我總結數位提倡宗教對話的基督宗教神學工作者的意見，並在此借用在一般的對話上。參 John B. Cobb, Jr., *Beyond Dialogue: Toward a Mutual Transformation of Christianity and Buddhism* (West Broadway, Eugene, OR: Wipf and Stock Publishers, 1998), 39 ～ 53; Panl Tillich, *Christianity and the Encounter of the World Religions*(New York:Columbia University Press,1963), 39; Paul F. Knitter, *No Other Name? A Critical Survey of Christian Attitudes Toward the World Religions* (Maryknoll, NY: Orbis Books, 1985), 207 ～ 213; William Johnston, *The Mirror Mind: Zen-Christian Dialogue* (New York: Fordham University Press, 1981), 10 ～ 12; Donald K. Swearer, *Dialogue, the Key to Understanding Other Religions* (Philadelphia, PA: Westminster Press, 1977), 40 ～ 50; Raimon Panikkar, *The Intrareligious Dialogue*, revised ed. (New York: Paulist Press,1999), 62 ～ 71; David Tracy, *Plurality and Ambiguity: Hermeneutics, Religion, Hope* (Chicago, IL: The

University of Chicago, 1987), 19; 漢斯‧昆（Hans Küng）：《世界倫理學構想》，周藝譯（香港：三聯書店，1996），頁 141～158；莊嘉慶：《宗教交談的基礎》（台北：雅歌，1997），頁 69～84。

43. Charles G. Lord, Lee Ross and Mark R. Leeper, "Biased Assimilation and Attitude Polarization: The Effects of Prior Theories on Subsequently Considered Evidence," *Journal of Personality and Social Psychology* 37 (1979): 2098～2109.

2

以擁抱化解冤仇

鄧瑞強

一 導言

孩童自發展出「自我」意識以來，便要面對人生的一個基本問題：我如何與「自我」不同的「他者」相處？有了「我」，其他人就成了在我之外的「他者」。我總是與「他者」相對的。中國人說：「非我族類，其心必異」。問題是：這個「異」是好是壞？是敵是友？是祝福，還是咒詛？

上帝，是人類面對的最大「他者」。神學家說，上帝是「絕對的他者」，[1] 祂的意念非同我們的意念，祂的道路非同我們的道路（參賽五十五8）。這位「絕對的他者」竟進入人間，被釘死在十架上，祂以這種令人費解的「他異」方式，向我們示範如何與「他者」相處。上帝的行事方式，啟示了人類當走的正路。克羅地亞裔神學家沃弗（Miroslav Volf）對上帝這「他異」的行事方式，作出了沉思，寫下《擁抱神學》（*Exclusion and Embrace*），[2] 論述上帝的行事方式對我們與「他者」相處帶來甚麼啟迪。對沃弗而言，這種論述不是一純學術的討論，身為克羅地亞人，他看到上世紀九十年代發生在自己家鄉的戰爭，看到這場塞爾維亞及克羅地亞地區的衝突所帶來的種族屠殺，看到不能容納「他者」所造成的悲劇。種族屠殺，是對「他者」的徹底消滅。如何與「他者」相處，可以是關乎生死的問題。神學如何回答呢？本文基本上是呈現沃弗在《擁抱神學》中對這問題的回答。

二 對他者的基本態度：冤仇抑或擁抱

人生在世，就是與他者共在。「我」是身體性的存在，「我」佔據了的空間，我身外的「他者」就不能進入了。「我」消耗了的食物，「他者」便不能分享了。「我」與「他者」有別，這可以是「互助」的開始，也可以是「排斥」的根源；這可以促成「擁抱」，也可以造成「冤仇」。

與「我」相似的人，他的「他異性」相對少。但人根本找不到另一個「我」？別人的文化、口音、語言、行為舉止、宗教、民族、思想方式等等皆和「我」不同，於我而言，他們就是與「我」有別的「他者」。當然，我們的「敵人」，是顯著的一種「他者」類別，他們特別針對「我」。他者無處不在。

如何與他者相處，這決定於我們自己存在的方式。如何存在，這需要我們作出抉擇。「寧願摧毀別人、不願自己遭亡，**這想法本身就是一種選擇**。」[3] 反過來說，我寧願放下自己，讓我和他者彼此相愛，這想法也是一種選擇。我們如何面對他者，這取決於我們想成為一個怎麼樣的人。這是一個身分的選擇。選擇作基督徒，就是選擇一種身分，選擇一種存在的方式。選擇作基督徒，是一種身分的斷然改變，這需要「悔改」。悔改是放棄舊我的存在方式，穿上「新人」的存在方式。如保羅所說：「我已經與基督同釘十字架，現在活著的不再是我，乃是基督在我裏面活著⋯⋯」(加二 20) 這是一種翻天覆地的改變——舊「我」的消失，新「我」的確立。

我們選擇作基督徒，是選擇成為一效法基督的存在，「⋯⋯叫我們一舉一動有新生的樣式，像基督藉著父的榮耀從死裏復活一樣」(羅六 4)。這生命存在的方式，與基督的存在方式一致。基督作了何事？他拆毀了我與他者「中間隔斷的牆」，「而且以自己的身體廢掉冤仇」，成就了我和他者之間的和睦 (參弗二 14～15)。

原來，面對他者，人可以建立起「冤仇」的牆，與他者敵對。這是一種以「冤仇」面對他者的存在方式，這是一種「在罪中」的存在方式。在此存在方式裏，人不會尊重他者。在這種態度下面對他者，一是將他排斥或消滅，或是將他「同化」於自己。在此，沃弗說了一番很有意思的話：

> 首先，排斥會引起居間連結的斷絕，把人本身從相互依存的模式中拔出，放在具有獨立主權的位置。於是，他者就像是一名敵人，必須從自我推開，從既有空間中逐出，或當作是可以漠視和放棄的非實體 (nonentity)——某種多餘的存有。其次，排斥會引起分隔的消除，不去承認具有異己性的他者原本乃是屬於相互依存的模式之中。他者於是成為弱者，必須被同化為與自我相同的存有，不然就要屈從於自我。[4]

在「冤仇」裏，「他者」會消失，或者說，「他者」會「被消失」。基督的存在方式，就是以十架的愛，克服這「冤仇」，這是一種「擁抱」他者的方式。「擁抱」是張開雙手，向他者開放，邀請他者進入自己的生命中。對沃弗來說，選擇作基督徒，就是與基督一樣，選擇以擁抱他者的態度存活。基督徒這種身分，意味著擁抱他者。我們不能既選擇基督徒這身分，卻又排斥這身分的存活方式。

面對「他者」，有兩種基本的存在態度：敵意或擁抱。這兩種存在態度同時是兩種不同的認識論態度。在敵意的認識論態度下，「我」會認為「他者」是「敵人」。在擁抱的認識論態度下，「我」會認為「他者」是幫助我的朋友。存在的態度塑造認識的框架，他者是敵是友，在乎「我」如何看他們。下段對這問題作出進一步的說明。

三 兩種認識他者的態度：擁抱他者的知識論抑或排斥他者的知識論

詮釋學者伽達瑪（Hans-Georg Gadamer）說得很明白，理解從來都是帶著「偏見」的。[5]「偏見」不是甚麼負面的東西，「偏見」是我們理解事物的一種必須有的「理解框架」，這主要是由我們的傳統給予的。沒有這「理解框架」，我們無法理解事物。有一次，有位朋友讓我看一塊類似石頭的東西。他問我，這是甚麼？按我的理解，這只是一塊石頭。他說，這是一塊古生物的化石。很明顯，我不能認識這塊東西，是因我沒有接受過古生物學的學術傳統。我沒有認識這東西的「偏見」。讀歷史的人，更容易體會「偏見」左右著對事情的理解。中國大陸出版的民國史，和台灣出版的民國史，其呈現的「事實」，肯定有差別。這是因兩者的「偏見」不同。

我們的存在態度，造成我們理解的「偏見」。存在態度決定認識方式。「我」對「他者」的敵意和怨恨，會使「我」刻意歪曲他者的形象，最常用的方法是「標籤」他們。若我們「標籤」窮人為「懶人」，則我們便不用對他們施予同情，反而會多少輕視他們。標籤他人的效用，是使「排斥不僅變得情有可原，而且有此必要，因為不去排斥反而顯為不道德」。[6]

為了使排斥他者變得有理，我們會扭曲他者的面貌。這當然不是「事實」的呈現，這只是我們選擇以這面貌認識他們。沃弗說：

> 象徵性排斥通常是對他者的歪曲，而不盡是對他者的無知；那是一種蓄意的誤解，而不僅止於知識的缺乏。我們不是因為不了解對方才把他們妖魔化，而是因為我們拒絕來認識真相，寧願按著私慾來了解。[7]

「妖魔化」他者，會強化我們對他者的敵意。記得小時候，看美國西部牛仔射殺「紅番」的電影。「紅番」被「妖魔化」為野蠻的、無情的、嗜血的、不講理的。「紅番」的存在，用我們的俗語說，是「阻住地球轉」的，他們阻礙了白人的發展。看見「紅番」被白人殺死，小時候的我會感到興奮莫名，覺得正義被彰顯了，人間「邪惡」被消滅了。沃弗在討論相關事件時說：「在《美洲的征服》（*La Conquête de l'Amérique*）裏，托鐸洛夫〔Tzvetan Todorov〕論及『致命的認知』（the understanding-that-kills），係受到來自『對他者完全負面的價值判斷』的鼓舞，並且奠基在支配的意志上。」[8] 排斥他者的知識論，就是對他者刻意採取「致命的認知」。這種認知，鼓勵我們走上消滅他者之路。

這解釋了我們為何只會記得敵人的缺點，這是因為我們決意只記得他們的缺點，好使我們對他們的憎恨，顯得有理。相反，在熱戀中的男女，他們只想到對方的優點，縱使旁人已多番提點當事人對方所具有的缺點，但他們仍執意只認識對方的優點。我們的存在態度決定了我們的認識態度，反過來，認識態度強化了我們的存在態度。

認識「他者」是艱難的，因為「他者」正正是與我們「不同」。按古希臘哲人恩培多克利斯（Empedocles）的講法：「我們用土來看土，用水來看水，用氣來看明亮的氣，用火來看耗散的火，用愛來看愛，用可怕的恨來看恨。」[9] 這是「同類相知」的知識論原則。我們用相同的元素去認識相同的元素，「臭味相投」。然而，他者正是與我相異的，正是臭味不相投的，我如何能認識真正的他者呢？

以弗所書四章15節說：「用愛心說誠實話」。在沃弗討論這節聖經時，他指出這節經文的原意是"to truth in love"，即：在愛中去求真。[10] 要真實地認識他者，必須有「愛」的品質。沒有愛的交流，我們只會看到自己，看不見對方。「在自我之內為對方挪出空間的美善，卻能促進真理的尋求……沒有擁抱對方的意志，**人們之間**就不會有真理。」[11]

要好好認識他者，需要有擁抱對方的存在態度。問題是：擁抱他者，如何可能？下文讓我們跟從沃弗的思路，思想使「擁抱」成為可能的神學思考。

四「擁抱」的存在論基礎：三一上帝論

思考上帝的存在方式，必須思考上帝的三一性。有些三一論，過分強調「一」，模糊了「三」位格，將上帝看成是「三位格」關係的總和。有些三一論，過分強調「三」，輕視了三位格的彼此內住，忽視了三位格彼此以自己的存在構成他者位格的存在，也以他者位格的存在構成自己的存在。

沃弗採取莫特曼(Jürgen Moltmann)的思路，他說：

> 莫特曼雖然強調，神聖位格不是自我隔絕的個體，而是透過其他位格來決定獨特的位格身分，他卻拒絕把位格簡化為關係。他堅稱，把位格當成關係的觀念，既「解除了位格的三位一體觀」，又「廢除了關係的人際觀念」。[12]

三一論強調父、子、靈三位格是有「差異」的，不能泯滅他們彼此間的他異性而將他們統合為一關係的統合體。這他異性不阻礙三位格在愛裏的交流，甚至正正因他異性的存在，才能讓愛真正發生。三位格互相在參與對方的存在並讓對方參與到自己的存在的過程中，豐富了自己的存在。沃弗說：「沒有其他位格的參與，就無法想像個別的位格身分；這種來自其他位格的參與，乃是每一位格在身分上的重要部分。」[13]

在人世間，最能展現我與他者的「位格關係」的是「夫婦關係」。以弗所書五章22至33節討論「夫婦關係」時，說到這「位格關係」的本質是「捨己」。「你們作丈夫的，要愛你們的妻子，正如基督愛教會，為教會捨己。」(弗五25)

甚麼是捨己？沃弗說：

> 首先，它意味著放棄自我陶醉……而去接近對方。第二，捨己表示為他者開放自我，容許對方在自我內找到空間——如此一來，對他者的愛在感受上，就像是對自我的愛（參弗五 28），而他者仍舊是他者，並未轉化成本體的多餘擴充。[14]

三一上帝的存在方式，是保持對方的他異性，卻在「捨己」中參與對方的生命，又讓他者參與自己的生命。這是擁抱對方在自己的生命中，這不會虧損自己的生命，反因他者的參與令自己的生命更豐盛。誠如以弗所書五章 28 節說：「丈夫也當照樣愛妻子，如同愛自己的身子；愛妻子便是愛自己了。」捨己的愛不會失去自己和他者，反會因彼此參與在對方生命中，而令雙方的生命更豐富。

若在「我」中有空間容納「他者」，則「我」必須「倒空自己」，這就是「捨己」。若十字架是因愛而捨己的極致，則三一位格裏便內含「十架」的元素了。

沃弗說：

> 在三位一體內維持著非自我隔絕身分的同一種愛，亦試圖「在神裏面」挪出空間給人類。然而，人類不只是神的他者，而是神所親愛卻演變成敵人的他者。當神開始擁抱敵人時，結局就是十字架。[15]

若上帝的存在方式以「擁抱」他者為本，若上帝的這存在方式以基督的生命呈現在人間，則按上帝的形像被造的人，便不能貿貿然說「擁抱」他者的存在方式不可能，也不能說這存在方式不可能在人間展現。

基督是真神，祂是與天父「同質」的，祂的十架捨己流露了天父對「他者」的愛。基督是真人，祂是與我們「同質」的（參來二14，四15），祂擁抱他者的存在方式，向我們啟示了人性存在的真正方式。當主耶穌在十架的大愛裏呼喚我們背起十架跟從祂時，祂向我們啟示了神性的存在方式，也同時要求我們活出這存在方式。[16]

三一上帝在世的行動，就是在十架下擁抱罪人。以下，我們討論沃弗對十架的沉思，看看十架事件與擁抱他者的關係。

五「擁抱」他者的典範行動：基督的十架行動

「罪人」對三一上帝而言，就是「他者」。十架行動，是三一上帝擁抱這「他者」的行動。沃弗說：

> 位在十架核心的乃是基督的立場，不讓他者持續來作敵人，並且在自身內挪出空間接納違法者進入。十字架被解讀為是神對待人類的宏大敘事的高潮，因它說明了人類儘管與神顯然為仇，卻還是屬乎神；沒有了人類，神就不會是神。「因為我們作仇敵的時候，且藉著神兒子的死，得與神和好」，使徒保羅如此寫道（羅五10）。十字架就是神放棄他的自我，為的是不放棄人類；它是神意欲在不用暴力下破除人類冤仇的力量，接納人類進入神聖共融中所帶來的結果。十架的目標是使人類能活

「在聖靈裏」、「在基督裏」，還有「在神裏」。所以，饒恕並非基督與施害的那一方在關係上的高峰；饒恕是引向擁抱的通道。這位被釘十架者的雙臂張開——預示著神自我內的一處空間，同時邀請敵人進入。[17]

沃弗指出，十架是上帝存在的方式，上帝決意擁抱罪人，不惜倒空自己的神性。罪人顯然是與上帝為敵的，排斥上帝的，但上帝對罪人的擁抱，不建基於人對祂的善意，只建基於上帝自己的存在方式。既然擁抱罪人是上帝存在的方式，祂的擁抱態度先於罪人的悔改，也不受制於罪人是否悔改。最重要的是祂決意擁抱。

關於擁抱的優先性、先決性，沃弗說：

除了在人性上認同他們以外，把自己獻給他人並「接納」對方，重新調整我們的身分認同以便容下他們，這樣的決心應該要在對他人作出任何判斷之前。擁抱的決心要優先於任何有關他人的「真理」，以及任何對其「公義」的解釋。[18]

這擁抱的態度決定了上帝對罪人的認識，祂看見罪人的本相，但同時看到祂自己的存在正是要擁抱罪人。正如主耶穌說：「康健的人用不著醫生，有病的人才用得著。我來本不是召義人，乃是召罪人。」(可二 17)上帝看到人的罪，但同時看到他們「卻還是屬乎上帝」的。沃弗甚至大膽的說：「沒有了人類，神就不會是神。」好像若沒有那讓上帝去愛的人類，則上帝便會失去了某種重要的內在東西似的。

上帝擁抱罪人的心如此堅定，以致祂為了不放棄人類，祂寧願放棄自己。十字架就是上帝「捨己」的明證。在這裏，很清楚的告訴我們，擁抱「敵人」並不保證有好的回報，也並不保證「罪人」悔改。誠如沃弗說：

> 十架最大的屈辱，就在於奉獻自己往往不能招致正面的結果：你為他人獻出自己，但暴行並沒有停止來摧毀你；你犧牲自己的生命，但加害者的力量更為堅固……自我奉獻之舉所遭遇到的這種黑暗，正是一種屈辱。[19]

擁抱敵人，只保證仇恨的力量並不主宰我們，仇恨的邏輯並不能迫使我們順從，仇恨的力量並不能摧毀愛的力量。簡言之，擁抱「敵人」說明了愛能化解仇恨的「以暴易暴」的循環。

沒有主動與「敵人」擁抱，我們與「敵人」就永遠敵對。這種敵對，將我們的存在轉化為「冤仇的存在」，將我們對「敵人」的認識困在扭曲的形象上。這種存在的方式，毫無喜樂可言。

主耶穌呼召我們背起十架跟從他。若我們選擇做基督徒，則我們是決意以十字架作為我們生命的標記，以擁抱罪人的態度作為我們存在的方式。沃弗說：

> 首先應當考慮的是，基督徒社羣的基礎：十字架。基督使不同的「身體」能夠聯絡成為同一個身體……這主要還是透過他的受苦……這個身體拒絕維持自我封閉的獨一性，反倒把自己敞開，讓他人可以自由加入……合一在此並不是以「神聖的暴力」來抹煞「眾身體」特質的結果，而是基督自我犧牲獲致的成果，使人們之間的冤仇

得以化解。[20]

基督徒羣體的標誌，就是以擁抱敵人的態度來達成真正的合一。

六「擁抱」的救贖論：「受害者」主動寬恕「加害者」

在一般的救贖論裏，「我」是站在「罪人」的位置上，救贖的焦點是上帝如何與我同在，將我的罪擔或罪債拿走。這種救贖論進路的焦點是「我」，而不是我面對的「他者」；其焦點是「我」蒙了「恩典」，而很少注意我如何將「恩典」施予傷害我的「敵人」。沃弗的「擁抱神學」的救贖論，特別之處在於他強調作為「罪人」的「我們」需要悔改，這悔改的重點不單單在於我們甘心領受上帝的「恩典」，也在乎我們甘心將「恩典」施予傷害我們的人。在十架下，要救贖的，是我們那顆「復仇」的心。

上帝愛我們這些罪人，但傷害我們的人也是上帝所愛的罪人。我們需要悔改，但這悔改不單單是面向上帝的，也需要面向得罪我們的人。需要悔改的，是我們對加害者的冤仇。「耶穌的宣告當中真正的革命性特點，在於**他帶給受壓者的希望，以及要求他們作出徹底改變，這兩者間的關聯**。雖然有些罪被施加於他們身上，他們自身仍有其他的罪。」[21]受害者的罪，在於他們復仇的心。他們現時成為受害者，只因自己的力量過於微小。他們所期望的是加強自己的力量，好討回一切公道。所謂討回公道，很多時只是成為加害者的另一種說法。受氣的「媳婦」或僕人，他們等待成為「家婆」或主人的那一刻，好能使別人受他們的氣。「昨日的受害者成了今日的加害者，今日的加害者又成為明日的受害者。在這樣的歷史當中，清白無辜到底還存不存在？」[22]

沃弗指出，若不悔改，我們和敵人其實是「同質」的，加害者和受害者其實是活在同一邏輯裏。「難道我在受欺壓的克羅埃西亞人臉上，不也發現某些令人鄙夷的塞爾維亞人特質？或許敵人在占據大片克羅埃西亞土地的同時，也攫取了部分克羅埃西亞的精神？」[23] 面對加害我們的「他者」，我們不能用加害者的方式來回報他們。「受害者需要悔改，因為**他們的行為意念若不改變**，就不可能有符合於神的統治——屬神的新世界——的社會變遷產生。」[24]

作為受害者，我們需要作的悔改是甚麼？

> 悔改意味的是，抵擋邪惡價值觀與邪惡作為的誘惑，讓出於神治的新秩序得以在心中建立。對於受害者而言，悔改代表著不讓施壓者來決定社會衝突發生的條件、導致衝突盛行的價值觀，以及用來對抗衝突的方式。因此，悔改賦予了受害者權力，同時也卸去施壓者的權力。它使受害者「變得有人性」的方式，是保護他免於淪為有樣學樣，或是不把施壓者當人看待。悔改遠非表示對主導規則的默許，而是在現有世界中間，造出屬神新世界的天堂，從而使這舊世界得以改頭換面。[25]

悔改，意味著將「恩典」帶入衝突的關係中。受害者不去「妖魔化」加害者，縱使這是加害者的手法。受害者不為暴力報復找一理由，縱使加害者為自己的暴力行為找出種種理由。受害者不按加害者所引發的種種客觀衝突來部署自己的行動，而是按基督十架所彰顯的價值來作回應。悔改，是成為真正的天國之子。

按絕對正義的要求而論，必須「以眼還眼」。但以「冤仇」的態度去面對「敵人」，至終只會是無止盡的冤冤相報。只有十架的大愛，才能克服這種冤冤相報，才能中止罪性的循環。這是以「愛」的恩典去克服「以眼還眼」的「正義」要求。對「正義」而言，「愛」和「恩典」是「不公」的。如沃弗所言：

> 殺一人遭報七十七倍的那種拉麥式報復，似乎弔詭地成為根除不公的惟一之道（創四 23～24）。然而，耶穌卻把拉麥的邏輯顛倒過來，命令他的門徒不只要放棄復仇，而且饒恕的次數要像拉麥為自己尋求報復的次數那麼多（太十八 21）。欺壓的不公必須用出於饒恕的創意式「不公」來對抗。[26]

基督徒若沒有這種面對「仇敵」的態度，他的存在仍是充滿冤仇的。他的生命仍未能與上帝的存在方式契合，他的道仍在十架路之外。基督徒的存在方式，以「擁抱他者」為特質，就算這「他者」是「仇敵」。

七「擁抱」的優先性

「擁抱他者」，是基督徒的存在方式。這種存在方式以三一上帝的存在方式為依歸，以走上十架的基督為效法榜樣。選擇作基督徒，就是選擇這存在方式。這存在方式以新生命去拒絕世界的「仇恨法則」。在這個人人皆是罪人的世界，我們拒絕以為自己代表「善」，仇敵代表「惡」。「我們要奉這位真正清白的受害者之名及其主張，亦即神被釘十字架的彌賽亞，來揭發此事的必然墮落——就是把這世界按著道德對立來建構〔即是：我們代表善；他者代表惡〕；接著我們要來尋求改造世界，了解到**按照不配得恩典之教旨（economy of undeserved grace）作出的解釋，必須優先於按道德應得之教旨（economy of moral deserts）所作的解釋。**」[27] 這就是「擁抱」的優先性。

面對他者，若我們按照他們是否達到由我們訂下的標準而決定他們是否配得我們的愛的話，則我們不是愛「他者」，而只是愛我們自己。我們只是在他者身上尋找自己，肯定自己而已。擁抱他者，不是由於他者的生命素質，而是出自我們生命的本性。擁抱他者的態度，優先於他者是否被證實為無辜。「因為在基督信仰的核心裏具有如此信念，『他人』不需要視為清白無辜才能被愛，他們應該要被擁抱，**即使當他們被看作是違法犯罪者時亦不例外。**」[28] 正如上帝按其慈愛的本性而不是按我們的表現去對待我們一樣。「耶和華有憐憫，有恩典，不輕易發怒，且有豐盛的慈愛。他不長久責備，也不永遠懷怒。他沒有按我們的罪過待我們，也沒有照我們的罪孽報應我們。天離地何等的高，他的慈愛向敬畏他的人也是何等的大！」（詩一〇三 8～11）

擁抱他者，既然是出自基督徒的生命本性，就不由環境和歷史現實決定了。我們不能說「人在江湖，身不由己」。我們不能說，這是命運使然。基督徒有超越這些制約力量的自由。「真理必叫你們得以自由」（約八 32）。上文曾說，我們是「在愛中去求真」的。是愛，叫我們自由。我們在愛中有自由脫離環境和歷史現實所加給我們的制約。沃弗說：「由社會環境和過去受害經歷**來決定**眾人行為的這個『別無選擇』的世界，**並非**我們所居住的世界；那是一個**加害者想**要我們居住的世界，如此一來他們就被授權可以為所欲為。」[29] 能夠不按加害者的邏輯去思考和行動，是基督徒的自由。我們有自由去擁抱他者，縱使他者看來不值得擁抱。這正正顯明，擁抱他們，不是出於「等價交易」，而是出於我們基督徒的自由。

八 擁抱動作的四個元素——張開雙臂、等候、闔上雙臂、再度張開雙臂

擁抱的動作，有四個元素：張開雙臂、等候、闔上雙臂、再度張開雙臂。這些動作也是富有神學含意的。沃弗對此作了一個現象學的分析。

「第一幕：**張開**雙臂。張開的雙臂表示以身體迎向他者，代表著對本身自我隔絕的身分感到不滿，同時暗示著對他者的**渴望**。」[30] 張開雙臂或緊合雙臂，是對他者的不同存在方式。緊合雙臂，意味著我關上心靈的門，我獨自在密室中存活。張開雙臂，意味著我打開心靈的門，邀請他者進入。

張開雙臂的存在方式，在知識論上，是承認他者雖然與我不同，但我不會「標籤」他們為「敵人」，並承認生命的「差異」像不同的色彩，只會令生命的圖畫更美。在存在論上，張開雙臂是意味我的存在不是自我完滿的，我需要和他者交往，在相愛中讓生命變得真實。「張開的雙臂不僅暗示著渴望，同時更代表著我從自身**挪出空間**使他人得以進入，又從自身發起動作，以便進入由他者挪出的空間。」[31] 猶如馬丁．布伯（Martin Buber）說：「太初有關係」，[32] 人的存在本性是需要和他者建立

關係的。失去他者，將失去自己。

「第二幕：**等候**……行動本身就是對他者的邀請……必須等待對方心中燃起〔交往的〕慾望。」[33] 真正的擁抱，不是強行拉扯對方到自己的控制範圍內，「不是打破他者的界線並強行實踐慾望的力量」。[34] 擁抱是對他者開放，也是自我的暴力的自限。在這裏，只能像雅歌中的女主角，默然等待對方情願（歌二7，三5，八4）。關係中的愛，只能等待，不能強迫。

「第三幕：**闔上**雙臂。這是擁抱的目的，沒有**對等性**就不可能有徹底的擁抱：『雙方同時擁抱對方並且接受對方擁抱，兩邊都是既主動又被動。』」[35] 擁抱是對等的交流。在對等的交流中，我們必須放下惟我獨尊的知識論框架。面對他者的「他異性」，我們有傾向將這同化為「我」「熟識」的東西。這是「知識樹」又一次向我們發出的誘惑。沃弗特別提醒我們，「為了能夠在擁抱中保存他者的他異性，關鍵是要養成不去理解他者的稀有能力……他者在自我架構內或許是無法理解的，正因他者不是自己。弔詭的是，『不能**不去**理解』或許才是理解的障礙」。[36] 能夠不按我們熟習的框架去理解，我們才能真正理解他者。

「除了對等性外，**輕柔的觸摸**是必要的。我不致在環抱他者時用力過緊，以致壓傷了對方或是將其同化……同樣地，我得要堅守自我的界線，據此抵抗，不然我將會淪為從事自我摧毀的否定行為。」[37] 真正的擁抱是溫柔的擁抱，強力的擁抱會窒息對方。溫柔的擁抱是堅守雙方界線下的親密，是在親密裏更尊重雙方的界線。這猶如上帝的三一性，有關係中的「一」，同時肯定位格的「三」。

「第四幕：再度**張開**雙臂……他者的他異性卻不見得能透過合併兩者為無分化的『我們』來抵銷。他者必須要能自由離開，這麼一來，他者的他異性……才能得到保存；自我必須把自身拉回，如此才能保存自己的身分，並從他者走過之痕迹得到充實。」[38] 擁抱與關係沉溺的分別，在於前者容讓雙方分開，後者卻難捨難離，不是失去自我，便是消除了對方的自我。[39] 真正的擁抱過後，當雙方分開時，生命會更豐盛。關係的沉溺者，在雙方分開時，會呼天搶地。

願意擁抱的人，是否必會贏得他者的愛？

不是的。嘗試擁抱，是冒險的行動。真誠的擁抱，「最後一項特色則是**擁抱的風險**……我張開雙臂，使自我朝向他者，也就是朝敵人邁進，在此同時卻無丁點把握，是否會被人誤解、鄙視，甚至侵犯，或者我的行為是否將會贏得感謝、支持和互惠。我可能成為救星，也可能是受害者」。[40] 打開生命的門，解除保護，總有風險。基督來到人間，就是甘願踏上「擁抱」的冒險之旅。祂死在十架上，這是他者對他的拒絕。但是，基督的擁抱是真實的，他以擁抱的方式去抵抗加害者的存在方式和思考方式，並抵抗加害者的邏輯。基督以擁抱化解冤仇。

基督為何這樣做？

因為「愛」大於「恨」，因為擁抱的意志優先於其他一切考慮，因為「上帝就是愛」（約壹四 8、16）。

九 結語：父親擁抱浪子的故事

小兒子在父親在生時分家產，這是羞辱了父親；離家出走，這是破壞了家庭。他將自己成為「他者」。在大兒子眼中，「浪子不再是**他的兄弟**；他是『你這個兒子』……這說法在在透露了徹底排斥」。[41] 排斥他者的存在方式，這導致大兒子「妖魔化」小兒子，指他「和娼妓」吞盡了家財。大兒子對父親生氣，這是源自他的一種「正義」的想法。在大兒子心中，「從來沒有違背命令的人要比不負責任的抗命者值得尊敬；向不負責任者致敬乃是不負責任之舉。忠心耿耿者應該受到比排斥他人者更好的待遇；對排他者的公然偏袒就是對忠誠者的默默排斥」。[42]這種想法「義正詞嚴」。

在大兒子看來，父親打破了維繫家庭的「正義法則」。他生氣，是因為「弟弟成了『弟不弟』(non-brother)，因為他沒有做到身為弟弟該有的樣子；父親也成了『父不父』，因為他做了身為父親不該做的事」。[43]無論是小兒子和大兒子，他們都是按這「正義法則」來思考的。小兒子認為，既然滿足不了這「正義法則」，他便不能再做兒子，只能做雇工。大兒子同樣認為，既然「弟弟」滿足不了這「正義法則」，他便不能被接納為家裏的兒子了。他們按「正義法則」法則思考。

父親擁抱這兩個兒子。父親的擁抱，拒絕了兒子們的「正義法則」。對父親而言，有比這「正義法則」更重要的「家」。「家」是更真實的「實在」。「家」內含「擁抱」與「十架」，這優先於一切「正義法則」。父親活在「家」裏，也活出「家」的存在論結構及認識論方式。父親以「家」的擁抱，創造一個新世界。

> 具有固定規則和穩定身分的世界乃是屬於哥哥的世界。父親顛覆了這個世界——並導致大兒子把怨氣出在他身上。父親最基本的委身，不是對於那些規則和既定身分，而是對於他的兒子；他的生命複雜到不能用固定規則來規範，其身分亦變動到不能墨守成規地來定位……在不受動搖之愛的引導下，也就是在自我內為與自己不

一樣的他人挪出空間……俾能〔創造〕繼續作為擁抱而非排斥的秩序。[44]

沒有這種擁抱，「家」就瓦解了，「兄弟」關係便破滅了。我們視這世界為「家」嗎？我們視他者為兄弟嗎？是敢於冒險的擁抱，創造了「家」和「兄弟」。

註釋：

1. 參 Rudolf Otto, *The Idea of the Holy*, trans. John W. Harvey (New York: Oxford University Press, 1958)；巴特（Karl Barth）：《羅馬書釋義》，魏育青譯（香港：道風書社，2003）。
2. 沃弗（Miroslav Volf）：《擁抱神學》，王湘琪譯（台北：校園，2007）。
3. 沃弗：《擁抱神學》，頁 176；文字的強調為原文所有。
4. 沃弗：《擁抱神學》，頁 128～129。
5. 參 Jean Grondin, "Gadamer's Basic Understanding of Understanding" in Robert J. Dostal, ed. *The Cambridge Companion to Gadamer* (Cambridge: Cambridge University Press, 2002), 36～51。
6. 沃弗：《擁抱神學》，頁 142。
7. 沃弗：《擁抱神學》，頁 142；文字的強調為原文所有。
8. 沃弗：《擁抱神學》，頁 403。也參 Tzvetan Todorov, *The Conquest of America: the Question of the Other*, trans. Richard Howard (New York: Harper Perennial, 1992)。
9. 趙敦華：《西方哲學簡史》（台北：五南，2002），頁 32。
10. 參沃弗：《擁抱神學》，頁 403。
11. 沃弗：《擁抱神學》，頁 405；文字的強調為原文所有。
12. 沃弗：《擁抱神學》，頁 291。
13. 沃弗：《擁抱神學》，頁 301。
14. 沃弗：《擁抱神學》，頁 304。
15. 沃弗：《擁抱神學》，頁 218～219。
16. 有學者認為，巴特神學的倫理，也是以上帝的「存在論」去決定人的「倫理學」的。參 Paul T. Nimmo, "Barth and the Christian as Ethical Agent: An Ontological Study of the Shape of Christian Ethics," in Daniel L. Migliore, ed., *Commanding Grace: Studies in Karl Barth's Ethics* (Grand Rapids, MI: William B. Eerdmans Publishing Company, 2010), 216～238。

17. 沃弗：《擁抱神學》，頁 215。
18. 沃弗：《擁抱神學》，頁 75；文字的強調為原文所有。
19. 沃弗：《擁抱神學》，頁 71。
20. 沃弗：《擁抱神學》，頁 101；文字的強調為原文所有。
21. 沃弗：《擁抱神學》，頁 198；文字的強調為原文所有。
22. 沃弗：《擁抱神學》，頁 148。
23. 沃弗：《擁抱神學》，頁 56。
24. 沃弗：《擁抱神學》，頁 198；文字的強調為原文所有。
25. 沃弗：《擁抱神學》，頁 200～201。
26. 沃弗：《擁抱神學》，頁 208～209。
27. 沃弗：《擁抱神學》，頁 154；文字的強調為原文所有。
28. 沃弗：《擁抱神學》，頁 155；文字的強調為原文所有。
29. 沃弗：《擁抱神學》，頁 156；文字的強調為原文所有。
30. 沃弗：《擁抱神學》，頁 237；文字的強調為原文所有。
31. 沃弗：《擁抱神學》，頁 237；文字的強調為原文所有。
32. Martin Buber, *I and Thou*, trans. Ronald Gregor Smith (New York: Scribner, 1958), 18.
33. 沃弗：《擁抱神學》，頁 238；文字的強調為原文所有。
34. 沃弗：《擁抱神學》，頁 239。
35. 沃弗：《擁抱神學》，頁 239；文字的強調為原文所有。
36. 沃弗：《擁抱神學》，頁 240；文字的強調為原文所有。
37. 沃弗：《擁抱神學》，頁 240；文字的強調為原文所有。
38. 沃弗：《擁抱神學》，頁 241；文字的強調為原文所有。
39. 有一本小書，討論健康的關係及不健康的沉溺關係，很值得參考。沙夫（Anne Wilson Schaef）：《逃離親密》，鄭重熙譯（台北：光啟，1994）。
40. 沃弗：《擁抱神學》，頁 245；文字的強調為原文所有。
41. 沃弗：《擁抱神學》，頁 264；文字的強調為原文所有。
42. 沃弗：《擁抱神學》，頁 266。
43. 沃弗：《擁抱神學》，頁 265。
44. 沃弗：《擁抱神學》，頁 270～271。

3

將衝突化成弔詭——一種帕爾默式思考

趙崇明

一「黑天鵝」——關於人生衝突的故事

人生難免充滿矛盾與衝突。自身的內在生命已是一個天生的戰場，每天可能面對大大小小靈與肉的鬥爭、良心與罪性的爭戰、理想與現實的取捨、理性與情感意志的掙扎。當然還有數不盡的家庭關係、愛情關係及其他各種人際關係的衝突；甚至各式各樣文化的差異和矛盾——如階級、種族、經濟、宗教、政治、軍事之間的衝突和鬥爭。

電影《黑天鵝》(*Black Swan*)，可算是向我們訴說了一個關於個人內在生命和人際關係的衝突的故事。

1. 故事大綱

芭蕾舞蹈員 Nina（波特曼〔Natalie Portman〕飾）本來看似是一個天真無邪和純潔善良的青春女孩。在一個單親家庭內成長，母親對寶貝女兒呵護備至，無論起居飲食還是衣著裝扮，各方面都為她打點妥當，導演艾洛諾夫斯基（Darren Aronofsky）在電影的前半部，刻意將 Nina 描繪成一個典型在母親過度保護下成長的白雪公主型的單純少女。

Nina 人生最大的目標，就是追求舞蹈藝術上的完美表現和成就，她立志要成為一位出色的職業芭蕾舞蹈員。舞蹈團本來的女主角 Beth（賴德〔Winona Ryder〕飾）遭受冷落和失寵，不再被導演 Thomas（卡斯爾〔Vincent Cassel〕飾）所重用，他甚至想物色一名新人代替 Beth 在新一季《天鵝湖》中做女主角，並且要捧紅她成為新一代的舞后。消息一傳出來，Nina 等多位舞蹈員均躍躍欲試。

最終 Nina 獲選，不過卻要求她一人同時飾演白天鵝和黑天鵝兩個角色。Nina 對於飾演白天鵝這角色固然迎刃有餘，因為她只不過做回自己。但最困難的就是要演活黑天鵝的角色，就算她日以繼夜苦心排練，但 Nina 怎樣努力似乎也擺脱不了現實中純真善良的性格，始終揣摩不到黑天鵝那種高傲、妒忌、陰險、邪惡的心理。

與此同時，其中一個隊員 Lily（古妮絲〔Mila Kunis〕飾）同樣有野心要爭奪這個女主角的位置，事實上 Lily 本身比較接近黑天鵝的性格，於是她比 Nina 更成功地演活這個角色，Nina 開始懷疑導演似乎屬意要找 Lily 代替她擔任主角，她便愈來愈感受到競爭的壓力，開始感覺 Lily 有心對她挑釁，亦展開了一場勾心鬥角力爭上位的殊死戰。在面對各種充滿矛盾衝突的內在心理和人際關係的煎熬和壓力底下，Nina 的精神狀態面臨崩潰的邊緣，更令她看見愈來愈多的幻象，艾洛諾夫斯基就是在此表現其導演的功力，一時之間，觀眾也分不清鏡頭下的影像究竟是現實世界還是 Nina 心中的幻覺？真實與幻影之間界線的模糊，更能襯托出 Nina 生命中所難以承受的矛盾與衝突。

無論如何，Lily 的出現，令到 Nina 一直壓抑和埋藏著的另一個充滿邪惡與黑暗人性的自我浮現了出來，甚至為了演活黑天鵝這角色，Nina 竟然不惜孤注一擲，盡量挖掘出自己內心潛在的陰暗性格，甚至一發不可收拾，讓自己陷入精神分裂的心理狀態之中，最終她的確成功地演活了黑白天鵝這雙重性格的角色，甚至感受到所謂一次「完美」的演出，不過卻是押上了她的生命和人格作賭注，去換來芭蕾舞者生涯看似最閃亮璀璨的一刻「成就」。

2. 故事的主題 —— 生命中的矛盾與衝突

A. 人際關係的矛盾與衝突

首先是母女之間那種表裏不一致的複雜關係，表面上她們相安無事，母親對女兒的照顧親力親為，無微不至；但其實 Nina 其中一種壓力的來源，正是來自從小對她過度保護卻佔有慾極強的單親母親。母親年輕的時候，由於失去成為首席芭蕾舞者的夢想，便將所有希望寄託在獨生女身上。因此，母親在日常生活中經常要求女兒言聽計從，表面是愛護，實質是操控，母親的行為本身已是一種極大的矛盾，Nina 活像一個沒有自我的洋娃娃，永遠只能在母親龐大的身影下生活。但 Nina 長時間埋藏在潛意識底下的情感壓抑，一旦到了某個臨界點，母女之間積存下來的矛盾衝突，便終於一發不可收拾地爆發出來。

同樣，導演與演員之間、以及舞蹈員彼此之間的人際關係，何嘗不是充滿矛盾和衝突！這包括導演和演員之間，在權力關係上所存在的矛盾和張力；男女在兩性的愛情和性關係上所存在的矛盾和張力；導演與演員在利益關係上的矛盾和張力。當然，這也包括舞蹈員彼此之間，因爭名奪利的競爭而帶來的衝突和鬥爭。

誠然，電影似要告訴我們，隱藏在以上種種人際關係衝突的背後，也許是（藝術的）理想與（名利權勢的）現實之間那種難以調和的張力和矛盾。

B. 深層人性（心理）的矛盾與衝突

電影中的女主角，潛藏在深層心理裏面亦正亦邪的兩面人性，不斷在生命裏頭掙扎戰鬥。不但善與惡、愛與恨在心靈深處交戰，Nina 甚至估不到自己原來亦在異性戀與同性戀的性角色上，陷入混亂和矛盾的漩渦。這些心理和人格上的矛盾與衝突，最嚴重的就是表現為人格分裂這種精神病。

導演在電影中安排了許多鏡子，女主角在鏡中不斷看見自己另外一面，也看見別人疑幻似真的不同影像，這暗示了她已患上人格分裂的心理病；隨著各種誘惑的出現，女主角在鏡中出現的幻覺的頻率亦愈來愈高，甚至她總是看見自己身體背後有刮痕、指甲脱落、身上長出類似羽毛的異物，都是在隱喻女主角已經被其自身的心魔所佔據，逐漸真的變成一隻名副其實的「黑天鵝」。

二 何謂弔詭？

上述的生命與人際關係的衝突故事，難道只會在虛構的電影世界裏才出現的嗎？電影其實就是反映現實世界的鏡子，讓我們能藉此觀照各自的生命實相。

然而，生活於這麼多矛盾衝突和如此複雜的人生，我們應該如何自處？又可以怎樣應對？本文主要引介當代一位資深的作家和教育家帕爾默（Parker J. Palmer）[1] 的著作《弔詭的應許——在矛盾中擁抱生命》（*The Promise of Paradox: A Celebration of Contradictions in the Christian Life*），書中提及我們如何從弔詭（paradox）的思維和信仰生活的方式，去轉化和救贖那充滿矛盾衝突的人生。

「A 等於 A 或 A 不等於 ~A」、「黑貓是黑色的」、「寡佬是未婚的男人」這些被稱為分析命題（analytic proposition）的語句，在邏輯上其意思是恆真的。相反，若然「A 等於 ~A」、「黑貓不是黑色的」及「寡佬不是未婚的男人」，那麼，這些語句在邏輯上就會被視為自相矛盾的。

然而，富弔詭性的思維卻不同，表面看來，「弔詭」似乎存在兩個自相矛盾或衝突的意義，但實際上它反對「非此即彼」（either-or）的二元性邏輯思維，而容許表面上矛盾衝突的境況「亦此亦彼」（both-and）地存在，甚至這種「亦此亦彼」的弔詭性思維，反而被認為更能描述複雜的世情和人生的實相。換言之，富弔詭性的思維，不但有助於我們超越人生中衝突或矛盾對立的困局，同時能夠幫助我們更有深度地看透複雜的人生道理。正如帕爾默所言：「弔詭的應許，就是表面相反的事情——好像有序和無序——可以在我們生命中協調的應許，如果我們以亦此亦彼取代非此即彼，我們的生命會變得更廣大和更充滿光明的應許。」[2]

帕爾默又引述諾貝爾物理學獎得主博爾（Niels Bohr）對「弔詭」的定義：「正確陳述的相反是虛假陳述；但深刻真理的相反可能是另一個深刻真理。」[3] 據說，博爾這定義其實是受其父親以下這句說話所啟發的：「兩種真理之間的分別：一種是深刻的真理，而其相反也是深刻的真理；相對於平凡的真理，其相反則明顯是荒謬。」[4] 帕爾默認為，基督信仰的屬靈真理，恰巧不能用傳統的邏輯去判斷，因為上帝的真理超越邏輯理性的規則，只能以「亦此亦彼」的弔詭性思維來理解。[5] 由此看來，傳統邏輯的真理只是平凡的真理，而上帝的真理卻是深刻的真理。

三 弔詭與多元主義不同

1. 多元主義的思維

亨廷頓（Samuel P. Huntington）在其名著《文明的衝突與世界秩序的重建》（*The Clash of Civilizations and the Remaking of World Order*）的第一部分，已開宗明義指出後冷戰時代是一個多元和多文化的世界，全球政治亦首次進入多元和多文明的年代。他又提出七大或八大文明[6] 已成為全球政治格局發展的決定因素。而後冷戰時代的世界，衝突的根源將會是不同文明之間的差異，影響全球政治格局變化的會是「文明的衝突」。[7]

既然現代世界已經進入眾聲喧嘩的年代，文化的差異難免導致文明的衝突，為了盡量避免衝突、對抗、欺凌、壓制、甚至戰爭的不斷升級，亦為了讓人類走出無知的獨白時代，於是主張透過「對話」，彼此學習互相尊重，放下惟我獨尊的絕對主義，承認世上沒有惟一的真理，容納多元文化的並存。在這個主張對話的年代裏，多元主義或相對主義，自然成為確立「對話」得以進行的理論基礎。借用主張宗教多元主義的哲學家希克（John Hick）所曾經講過的「盲人摸象」的比喻：有一班從未見過大象的盲人，有人摸到象腳，就說大象是大柱子；有人摸到象鼻，就說大象是條大蛇。從多元主義的角度來說，雖然表面上是各自表述，他們各自提到的只是整個實在的一部分或一方面，但正因如此，希克便認為各人的說法其實都是對的；這是其中一種多元主義的說法。[8]

更加激進的多元主義或相對主義，要算是法伊爾阿本德（Paul Feyerabend）的「怎麼都行」這種知識論上的無政府主義的說法。在《反對方法》（*Against Method*）中他說：「而我的命題是，無政府主義有助於達致人們願意選擇的任何意義上的進步。甚至一門講究法則和秩序的科學也惟有偶爾允許採取無政府主義手段，才會成功……在一切境況下和人類發展的階段上，只有一條原則一直都可以加以維護。這條原則就是：怎麼都行。」[9]

2. 弔詭性的神學思維

雖然「弔詭」乃是一種接受「亦此亦彼」的思維，卻跟多元主義或相對主義不同，事實上帕爾默本人對多元主義或相對主義絕不認同。他如此說：「在提出弔詭的應許時，我無意認同所有真理都是相對的，真與假，對與錯沒有重大的分別這個頭腦簡單的觀點。」[10]

聖經裏面充滿不少富弔詭性的經文，例如：「然而，有許多在前的，將要在後；在後的，將要在前」（太十九 30）；「你們中間誰願為大，就必作你們的用人；誰願為首，就必作你們的僕人」（太二十 26～27）；「他叫有權柄的失位，叫卑賤的升高；叫飢餓的得飽美食，叫富足的空手回去」（路一 52～53）；「愛惜自己生命的，就失喪生命；在這世上恨惡自己生命的，就要保守生命到永生」（約十二 25）。

因此，建基於聖經的基督教神學思考，也充滿很強的弔詭性。基督教和其他宗教其中一種最大的分別可說是上帝觀，一般的宗教若非一神教就是多神教。但基督徒所相信的卻是三一的上帝，上帝既是三位，又是一體，既三又一，「三」(代表多元)與「一」(代表一元)在三一論之下，竟可以弔詭地共存起來。而且，如聖經所描述，這位三一上帝既「超乎眾人之上，貫乎眾人之中，也住在眾人之內」(弗四6)。祂既超越又臨在，超越性(transcendence)與內蘊性(immanence)弔詭地同時存在於三一上帝裏面。

基督信仰另一最獨特的地方，就是上帝竟然成為人，也就是三一上帝中的第二位格(the second person)——聖子耶穌基督。在基督論中，關於耶穌的神人二性的論述會指出，耶穌既是完全的神又是完全的人，本來「完全的神」和「完全的人」兩者在邏輯上是矛盾對立的觀念，但在基督身上兩者卻弔詭地同時存在。同時，這位本來擁有無比尊貴榮耀身分和至高無上主權的彌賽亞，卻甘心放棄尊榮，自願選擇虛己，降卑成為人，而且取了凡人之中最卑微的奴僕形像，一生一世遵循聖父旨意和聖靈帶領，甚至存心順服至死，也在所不惜(參腓二5～8)。就是如此，我們看見榮耀與卑微、升高與降卑、自由與順服這些表面上互相矛盾的境況或現象，卻得以弔詭地在基督身上同時存在。

四 將人生的矛盾衝突轉化成弔詭

傳道者不但洞悉宇宙的循環往返、流轉變化：「日頭出來，日頭落下，急歸所出之地。風往南颳，又向北轉，不住地旋轉，而且返回轉行原道。」(傳一5～6)他亦看透世情：「生有時，死有時；栽種有時，拔出所栽種的也有時⋯⋯爭戰有時，和好有時。」(傳三 2 ~ 8) 人生並非只有歡笑、跳舞、和平的日子；也有哭泣、哀慟、紛爭的時候。正反差別、矛盾衝突，本是人生的常情。

正如帕爾默所言：「生命的矛盾不是偶然的。它們也不是來自不恰當的生活。它們是人類本性和我們生命周圍的環境所固有的。」[11] 畢竟被造的人始終有限，無法掌握命運世情，縱有上帝的形像，但也跟野獸的遭遇沒有分別，氣息都是一樣，都是出於塵土，也都歸於塵土，同樣難逃死亡的終局 (參傳三 18 ~ 21)。何況我們雖然被上帝稱義，但生命的本質仍是罪人，也許畢生仍未能完全擺脱靈肉的內在交戰，立志為善由得我，可是行出來卻由不得我，如此矛盾困惑的生命，凡人皆不能倖免。況且上帝亦承認：「我造光，又造暗；我施平安，又降災禍。造作這一切的是我—耶和華。」(賽四十五 7) 也許上帝只想世人明白：「上帝從始至終的作為，人不能參透。」(傳三 11)

既然矛盾衝突是人生的本相，我們便無可逃避，儘管在理性上因無法掌握而感到困惑，但我們也應要積極欣然面對，甚至要接受困惑也是現實人生的一部分。梅頓 (Thomas Merton) 和帕爾默的人生體會或者可供我們借鏡，他們如此說：

> 我需要接受一個事實，我的生命幾乎完全是矛盾的。我也要慢慢學習不為這事實道歉，甚至是不向自己道歉。[12]

> 我相信願意感到困惑並維持困惑是我身分的一部分，也是我其中一種與生俱來的恩賜。我認真地視這為「恩賜」：困惑給我的生命活力，包括我身為作家的工作⋯⋯我寫的事情，甚至在我寫完後仍然使我困惑，

> 也就是說，我所寫的事情，它們的奧祕對我來說似乎是無窮盡的。在早期，我的困惑集中在世界，以及它怎樣運作或不怎樣運作。然後我的困惑落在別人身上：為甚麼他們是那樣？最後，我發覺一切困惑的根源都在於自己，除非我願意對自己、別人和世界更敞開自己，否則我會繼續模糊下去。[13]

梅頓和帕爾默的說話有三層意思：第一，既要接受矛盾衝突所帶來的困惑是生命的一部分；第二，又要承認我對他人和世界的一切困惑，皆源於自我的封閉、執著和驕傲；第三，在理性的困惑面前，因重新尊重生命的奧祕而變得謙卑，矛盾困惑反而變成造福生命的恩典。套用帕爾默的話說：「或許矛盾不是對屬靈生命的妨礙，而是它固有的部分。透過這些矛盾，我們可以學到，生命的力量是來自上帝而不是我們。」[14]

帕爾默不但認為要接受矛盾的困惑，更鼓勵我們要把它活出來。他說：「『活出那些矛盾』。我們拒絕逃避張力，反而容許張力佔據我們生命的中心。為甚麼我們要這樣做？因為藉著這樣做，我們可以接受屬靈生命中其中一份最大的恩賜——矛盾轉化成弔詭。」[15] 他又說：「我對弔詭的長期著迷是植根於我對自己的長久困惑。」[16]

五 基督信仰的弔詭性

面對矛盾的複雜人生，傳統邏輯「非此即彼」的理性實在作用不大。事實上，當帕爾默說將人生的矛盾衝突轉化成弔詭，其意思就是惟有用「亦此亦彼」的弔詭思維去詮釋和理解人生的困惑。當然，「接受真正弔詭的能力，不單是容納複雜思想的頭腦技巧，它是容納複雜經驗的生命技巧」。[17] 這是一種在生命上與異己（或他者）相遇碰撞時，並非以「拒絕或逃避」的方式去接觸的一種生命技巧。也惟有這樣，方能面對和活出生命的矛盾。

在帕爾默心目中，基督信仰的屬靈真理，就是一種富弔詭性的真理，最能幫助我們將矛盾衝突轉化成弔詭，從而活出屬靈的生命。因為「屬靈生命——它的領域是非理性(nonrational)而不是不理性（irrational）——以一種顫慄的信心前進，相信上帝的真理實在太大，不能簡單地以非此即彼來解釋，它只能夠以亦此亦彼的複雜性來理解」。[18]

六 十字架的弔詭性

耶穌所走的十架道路，絕不是一條平坦易行的直路，反而是處處充滿危機、鬥爭、崎嶇和曲折的。被捕前在客西馬尼的禱告，亦充分反映耶穌內心的憂傷、矛盾、衝突和掙扎。也許，十字架本身就充滿矛盾和對立，如帕爾默所說：

> 十字架號召我們識別人類經驗的內心既不是一致，又不是混亂，而是矛盾。[19]
>
> 十字架也是矛盾的象徵，它的構造暗示對生命的反對。它橫向的木伸向左右時，十字架代表我們被生命（橫向）層面裏的那些互相矛盾的要求和責任拉扯著。它縱向的部分向上下伸展時，十字架代表我們向生命那個面向伸展，在天地之間受到拉扯。走十字架的路就是被反對和

矛盾、張力和衝突撕裂。[20]

雖然十架的路是一條被衝突撕裂的路，儘管十架揭示了一場光明與黑暗勢力的交戰，甚至黑暗曾經掌權，死亡好像已把生命吞噬，「但十字架的道路也是朝向和平的路徑」。[21] 而且，這條通往和平之路，也是一條死而後生之路：

> 對基督徒來說，十字架談及最大的弔詭是：為了活著，我們需要死。走十字架的路，容許個人的生命被矛盾撕裂，被弔詭吞噬，就是在復活的盼望中，在約拿的徵兆中生活。對基督徒來說，那交匯點是轉化的地方。[22]

表面上死路一條，事實卻是換來他者生命的存活。正如耶穌所說：「一粒麥子不落在地裏死了，仍舊是一粒，若是死了，就結出許多子粒來。愛惜自己生命的，就失喪生命；在這世上恨惡自己生命的，就要保守生命到永生。」(約十二 24～25)

因此，耶穌沒有臨時變節，遠走高飛，迴避矛盾和張力；祂卻甘願背負痛楚，承擔苦難，以軟弱之軀進入爭戰的核心，甚至被衝突撕裂，最終卻弔詭地克服衝突，帶來和平。借用帕爾默的說法：耶穌反而要活出十字架的矛盾，好讓矛盾轉化成弔詭：

> 十字架的結構象徵著這些矛盾。它的手臂伸向左右和上下，象徵生命怎樣在人對人、人和神之間互相衝突的宣稱中拉扯我們。但十字架的膀臂在中間交匯，象徵上帝可以怎樣在我們的生命中行動——克服衝突，對抗統一，抵制

矛盾。十字架號召我們識別現實有十字架的形狀。[23]

耶穌背負的十字架，乃是弔詭的十架——邪惡與良善、撕裂與聯合、破裂與復和、死亡與生命、衝突與和平，都藉著十字架弔詭地統合起來。

當然，十字架的弔詭性，為人帶來最大的福音便是救恩。何謂「救恩」？根據帕爾默的定義：「『救恩』的根本意思是『整全』。得救就是變得整全，能夠進入在所有生命的矛盾以外的合一。」[24] 又何謂「整全」？他說：「整全就是明白個人與生命的一切有關的，與黑暗和光明、邪惡和良善、陌生和熟悉有關……十字架的釋放是知道沒有矛盾是上帝不能克服的。」[25]

七 耶穌製造衝突？——再思「耶穌來是叫地上動刀兵」的意思

有人認為，耶穌其實是一個非常激進而且政治色彩很重的「惹火」人物，他並非帶來和平，反而是將衝突和鬥爭帶來世上，因為耶穌自己曾說：「你們不要想我來是叫地上太平；我來並不是叫地上太平，乃是叫地上動刀兵。」（太十34）祂又說：「你們以為我來，是叫地上太平麼？我告訴你們，不是，乃是叫人紛爭。」（路十二51）

誠然，耶穌的一生確實跟政治沾上關係，我們亦無需否認祂是一個政治色彩很重的人物。[26] 若說現代的馬克思主義者關心貧富懸殊和社會不公義的問題，昔日的耶穌豈不是同樣關注麼！然而，耶穌絕對不是一個馬克思主義者，因為馬克思主義會將貧富懸殊和社會不公義等問題，主要歸咎於資產階級對無產階級的剝削和壓迫，因而造成階級之間的矛盾和對立。故此，馬克思主義基本上贊成透過階級衝突和鬥爭（甚至是暴力的戰爭），以解決階級矛盾和社會不公義等問題。

以暴易暴，這是世人解決衝突的其中一種方法。但死在十字架上的耶穌，卻是徹頭徹尾的和平之子，祂反對暴力，甚至主張擁抱仇敵（參太五 38 ～ 47；另參約十八 10 ～ 11；路二十三 34），在敵對的他者所帶來的矛盾對立、有我無你的衝突面前，耶穌恰好實踐了「活出那些矛盾以致將矛盾轉為弔詭」這樣「亦此亦彼」的和平生命。

這位和平之子，當然也期望祂的門徒，能夠學會成為像帕爾默所講的「非暴力的調停者」，能夠調解人世間的衝突和紛爭。

> 非暴力理論，以一個觀念為前設：在每個衝突背後都有一個解決方法、一個合題、一個共同的好處，是會因暴力而消失，但卻可以以耐性、對話及禱告帶來的。由於敵對的雙方通常沒有心情禱告，非暴力調停者的工作是站在敵對雙方中間，以態度和行動作為賜生命改變的一個活生生的嚮導。調停者正是「活出那矛盾」。[27]

以暴力的方式解決衝突，目的是要擊倒或取消敵人，有我無你。然而，當非暴力的調停者站在敵對雙方的衝突之間的時候，那調停者正是活在矛盾中間，以愛心的包容（表現出來就是耐性、對話及禱告），將矛盾轉化成弔詭；這種弔詭的應許，就是一種你我可以和平共存，卻仍保留彼此差異的弔詭關係。

然而，我們又怎樣理解「耶穌來是叫地上動刀兵」的意思呢（參太十 34 ～ 39；路十二 49 ～ 54）？首先必須肯定的是，這兩段經文並未含有耶穌贊成用暴力的鬥爭方式去解決問題的意思。從經文中，我們看不出耶穌刻意和主動引發鬥爭，最多可以說祂只是被動地引起衝突；所謂被動的意思，乃是指到由於耶穌的存在，於是自然引出人由於罪性或限制而來的衝突矛盾。

要留意，經文的重點是圍繞著耶穌的門徒與自己家人的衝突和紛爭來論述的。由於耶穌的來到和存在，於是自然引出人在愛的對象（究竟是愛耶穌抑或愛家人）上及在身分上（究竟是重視身為家人的身分抑或身為主的門徒的身分）的衝突和矛盾。如果我們愛父母或兒女多過愛上帝，即等於家人是我的生命的終極關懷，我的生命是完全屬於家人的，又或者家人的生命是完全屬於我的。無論如何，這種對家人的愛，其實是一種擁有家人或被家人擁有的愛，到頭來更可能變成拒絕被上帝的愛所擁有的理由，最終家人便取代了上帝成為我們生命的核心，就好像那少年財主，不能放棄家財來跟從主一樣（參太十九 16 ～ 22）。

耶穌的來到，不但使欲想跟從祂的人陷於矛盾困惑當中，而且祂正是要求跟從祂的人，需要「活出這些矛盾」，好讓「矛盾轉化成弔詭」。[28] 這種生命上的弔詭應許，就是耶穌跟著所說的：「得著生命的，將要失喪生命；為我失喪生命的，將要得著生命。」（太十 39）

人世間種種的衝突與紛爭，很多時候皆源於人欲無窮所帶來的不足心態。物質、名譽、權勢的需要使人感到不足，於是人不斷努力爭奪、擁有和緊抓不放，既要與人爭奪，便容易產生敵意，也經常會為手中所佔有的得與失而憂慮，心內身外，滿是衝突和交戰。帕爾默說得好：

> 我們大部分人對自我的感覺不是來自我們與別人有甚麼共通點，而是來自我們與他們有甚麼不同。我不是根據你和我有甚麼共通點，而是根據我有你沒有，或我沒有你有的東西來界定自己。我根據區分我們的不足來界定自己。[29]

> 在關係中，我們多經常地行動，彷彿愛的供應有限，別人得到太多，留給我的太少？這是所有人類妒忌和嫉妒的基礎，這種本能認為這些「屬靈的貨物」供應不足。[30]

如果衝突乃是源於永不滿足的心態和緊抓不放的行動；那麼，惟有人經常保持豐足的心態，人與人之間才會享有和平。如何保持豐足的心態？關鍵就在於「放手」。如帕爾默所說：「與緊抓生命相對的是強調『放手』，這是所有偉大屬靈傳統的中心。」[31] 為何「放手」與屬靈有關？因為對基督徒來說，「放手」乃是意味著不再倚靠自己，而是信靠上帝，「放手」乃是真正信任上帝的表現。

因此，我們便明白為何耶穌吩咐門徒要愛主多過愛父母和兒女了，原來當我們願意放手（即與家人關係生疏），而完全委身成為主的門徒的時候，那就是真正信任和倚靠上帝的表現，即表示自己生命的主權願意被上帝完全擁有。被上帝擁有其實等於被完全的愛所擁有，這種來自上帝的屬靈的愛的供應可謂源源不絕，試問這是何等豐足的生命！因此耶穌說：「為我失喪生命的，將要得著生命。」緊抓手中所有的，得到的只能有限；反而放手，可能帶來更多。甚至正當人由於放手而被上帝的愛完全擁有的時候，人反而更加明白人間的愛的真義；原來真正的愛，並非以不足的心態試圖擁有或佔有對方，而是與人分享上帝豐盛的慈愛，以致在人際關係中，最終能夠成就真正的信任與和平。

註釋：

1. 帕爾默(Parker J. Palmer)是一位資深的教育家。他在「全美高等教育協會」(American Association of Higher Education)擔任了十五年高級會士，現在是費茲研究院(Fetzer Institute)的高級顧問。又創立了「勇氣及更新中心」(Center for Courage & Renewal)，舉辦一些為教育工作者而設的培訓課程。其重要著作除了有《弔詭的應許》之外，還有 *Let Your Life Speak*、*A Hidden Wholeness*、*The Courage to Teach*、*The Active Life*、*To Know as We are Known*、*The Company of Strangers* 等。
2. 帕爾默：《弔詭的應許——在矛盾中擁抱生命》，陳永財譯(香港：基道，2011)，頁xxvii。
3. 帕爾默：《弔詭的應許》，頁xxvii。
4. 帕爾默：《弔詭的應許》，頁xxvii。
5. 參帕爾默：《弔詭的應許》，頁 6。
6. 分別是中華文明、日本文明、印度文明、伊斯蘭文明、西方文明、東正教文明、拉丁美洲文明，還有可能存在的非洲文明。
7. 參亨廷頓(Samuel Huntington)：《文明的衝突與世界秩序的重建》，周琪等譯(北京：新華，1998)。
8. 參 John Hick, *God and the Universe of Faiths* (London: Macmillan, 1977)。
9. 法伊爾阿本德(Paul Feyerabend)：《反對方法》，周昌忠譯(台北：時報文化，1996)，頁 13。
10. 帕爾默：《弔詭的應許》，頁 6。
11. 帕爾默：《弔詭的應許》，頁 3。
12. Thomas P. McDonnell, ed., *Thomas Merton: A Thomas Merton Reader* (Garden City, N.Y.: Image Books, 1974), 16。引自帕爾默：《弔詭的應許》，頁 3。
13. 帕爾默：《弔詭的應許》，頁xxx ～ xxxi。
14. 帕爾默：《弔詭的應許》，頁 2。
15. 帕爾默：《弔詭的應許》，頁 5。

16. 帕爾默：《弔詭的應許》，頁xxxi。
17. 帕爾默：《弔詭的應許》，頁xxviii。
18. 帕爾默：《弔詭的應許》，頁 6。
19. 帕爾默：《弔詭的應許》，頁 32。
20. 帕爾默：《弔詭的應許》，頁 23～24。
21. 帕爾默：《弔詭的應許》，頁 24。
22. 帕爾默：《弔詭的應許》，頁 23～24。
23. 帕爾默：《弔詭的應許》，頁 32。
24. 帕爾默：《弔詭的應許》，頁 41。
25. 帕爾默：《弔詭的應許》，頁 42。
26. 例如尤達（John H. Yoder）在其名著《耶穌政治》（*The Politics of Jesus*）中就有這樣的看法。
27. 帕爾默：《弔詭的應許》，頁 15。
28. 參帕爾默：《弔詭的應許》，頁 5。
29. 帕爾默：《弔詭的應許》，頁 84。
30. 帕爾默：《弔詭的應許》，頁 82。
31. 帕爾默：《弔詭的應許》，頁 85。

聖經中的衝突個案

4

舊約的家庭衝突個案

張慧玲

一 家庭乃人倫之始

人際關係始於家庭，在其中，我們學習人倫規範和培育希望與愛。家庭蘊藏豐富的養分。香港七十年代一首膾炙人口的時代曲〈可愛的家〉，正是歌頌家庭的溫情：

可愛的家

（詞：鄭國江 曲：鍾肇峯）

只要踏進這個家　便覺天倫愛可嘉
彼此相體恤　語中多關注
愁悶一概拋下

可愛是這一個家　愉快溫情滿一家
深恩比春暉　暖於心窩裏

寒夜不會懼怕
有勉勵 沒責罵
不見衝突不吵架
沒疑慮 沒埋怨
互愛真誠不虛假

温暖是這一個家 互敬關懷最可嘉
縱使多委屈 踏進家中去
愁盡解怨盡化

它引發了香港人心底的共鳴，尤其對戰後那一代辛勤苦幹的父母來說，如海員、工廠勞工、苦力、小販等，他們普遍不能常在家中，因而難享天倫之樂。建立一個理想的家，成為不少人的人生追求和辛勞幹活的驅動力。家庭應是一個彼此體恤和勉勵的地方，在其中沒有衝突，也不吵架。可是，不少人卻因著這個期望，而不滿意自己所身處的家，因為現實是家家有本難唸的經。在現代急功近利的都市文化中，破碎的家庭成為人產生不安的原生地，也是有待解決的難題，所以有關婚姻家庭治療的課程就大受歡迎。

基督徒也會將這首歌演譯為歌頌信仰羣體的生活，並抱持著相同的理想，但當走進這個屬靈的家，卻往往發現與現實有距離。面對失望，仍以為不經耕耘就有「美好關係」，結果衝突和愁怨更難化解。

家庭關係不如理想，追本溯源，早在舊約列祖時期已經開始，且有著多本難唸的經。本文以舊約所記載的兩個關鍵時刻的家庭個案作主題，嘗試了解其衝突的本質及上帝的回應方式，從而反思其中的意義，並對我們當代人的啟發。第一個關鍵時刻是上帝與人立永約的列祖時代，立約的家是亞伯拉罕、以撒和雅各的家庭；第二個關鍵時刻是王國時代，上帝為自己的子民選立君王，就是首兩位君王掃羅和大衛的家庭。

二 蒙選召的立約之家

創世記的其中一個核心內容，就是記載列祖的家庭，以及上帝與他們的互動。聖經仔細記載他們的處境和糾紛，這些紛爭涉及各樣身分角色：子女之間、妻妾之間和夫妻間的衝突。

1. 管轄權柄之爭——以掃與雅各

事件記載於創世記二十五至三十三章。以撒的兩名兒子，雙生兄弟以掃和雅各，乃是著名的手足相爭的故事。當我們讀到利百加未生產時已得知耶和華預言——「將來大的要服事小的」——時，便認為上帝揀選了雅各，因此我們認同利百加和雅各的欺騙行為。然而，聖經沒有肯定雅各的所作所為，更沒有貶低那服事小的人，只是肯定了兩族的出生都是上帝所賜的。

兩兄弟衝突的核心是爭大，爭作長子，爭一種管轄權。兩兄弟性格不同，興趣各異；哥哥好動，常在野外打獵；弟弟內向，常在家中。一家四口卻因父親與長子、母與幼子志趣相投，而分為兩黨派。雅各乘哥哥軟弱口渴時騙取長子名分，後來更假扮哥哥騙取父親的祝福。這類衝突在家庭中也是常見的，如年長的管轄年幼的，但年幼的不服，爭大爭權。

結果，兄長以掃要哀求父親得另一祝福，相比雅各的祝福，雖然少了「耶和華賜予」及「多民事奉你，多國跪拜你」等祝福，但仍有肥土、甘露、強盛時可自主。以掃要加倍努力，倚靠刀劍維護其所得。

雅各騙得甚麼？弟弟雅各騙得了父親的口頭祝福，卻要離開家園，換來大半生流離異鄉，並心存害怕和歉疚。結果，兩兄弟關係割裂，互相仇恨。

上帝向因害怕而逃亡的雅各在夢中顯現，重申應許將他祖亞伯拉罕、以撒的地和後裔賜給他。上帝所提的祝福與雅各所騙取的不同，上帝要他的後裔使萬族得福，而非只獲得自私自利的管轄權。上帝給他祝福的核心是「我與你同在」，領你歸回這地。歸回是甚麼意思？對一個正在逃亡的人應許歸回，意思就是與兄長復和，一家團聚。這樣看來，上帝重視兄弟復和，並要雅各正視這個盼望和遠象。多年後，當雅各成長成熟了，上帝聽他回歸的禱告，便給他最大的恩惠，那就是使他向以掃認罪復和。同時，上帝沒有離棄被騙的以掃，也賜他成為大國以東（參創三十六章）。最終，兩兄弟各領風騷。

2. 父親寵愛之爭 —— 異母兄長與約瑟

事件記載於創世記三十七至四十六章。父親雅各偏愛他愛妻拉結所生的兒子約瑟，為他做了一件彩色的長袍，這使兄長們對約瑟的憎恨不斷滋長，由嫉妒到排斥，甚至起謀殺之念，結果把他賣作奴隸。兄弟們的關係複雜，先有異母之爭，年少的約瑟曾暗告兄長，以致彼此之間產生猜疑和不信任。約瑟的夢境也挑動了兄長對他的憎厭和排斥。人多勢眾的兄長，勝過勢孤年少的約瑟，他們將他賣到埃及，從此與家人分離。父親雅各因此悲傷哀愁多年，對兒子們亦不再信任。兄長們內心也不好受，多年後仍揮不去他們的內疚和自責。

這段恩怨，要等到各人長大成熟後才能化解。兄長們成家立業，為人父親，他們才懂得體貼父親偏愛之情。約瑟經歷了上帝的同在，才能明瞭先前自己所遭遇的意義及上主的心意。於是，他把握一次相遇的機會，主動與兄弟和好，饒恕他們，這家庭才得以復合。

上帝對這場兄弟之爭保持緘默，既沒有糾正雅各的偏心，也沒有阻止兄長下手。祂在約瑟孤苦之時，與他同在，暗中保護他、賜福給他。年老的雅各應約瑟之邀下到埃及，內心卻忐忑不安，他猶疑是否該離開上帝應許父親之地，於是在迦南地南端停下來，在別示巴向上帝獻祭。上帝在夜間的異象中安慰他，因為上帝關心受苦的老雅各，故向他顯明上帝乃是掌握歷史的發展，並重申祂的應許。上帝實在細心看顧著各人。

3. 尊卑大小之爭 —— 撒拉與夏甲

事件記載於創世記十六至二十一章。亞伯蘭蒙上帝應許後裔眾多，且是從他本身所生。他一直等待，但妻子撒萊仍無生育。後來，撒萊出主意送奴僕夏甲給他立妾繼後，夏甲懷孕生了以實瑪利。不久，上帝與亞伯拉罕一家立約，以割禮為記號，並為亞伯蘭改名為亞伯拉罕，撒萊則改名撒拉。撒拉蒙恩生育，兒子名叫以撒。

以撒出生後，撒拉對以實瑪利便有所抗拒。「撒拉看見埃及人夏甲給亞伯拉罕所生的兒子在嬉笑」(創二十一9;《新漢語譯本》)，撒拉心生疑慮，擔心以實瑪利長大後會欺侮年幼的以撒，若按古代近東族例，更將會繼承產業。於是，她要求亞伯拉罕趕走兩母子，為父的亞伯拉罕為以實瑪利擔憂，因他面對妻妾之爭，不能二人並存，就只能保留以撒，而捨棄夏甲和以實瑪利。

衝突的起點是輕看別人，先是地位較低的妾輕看主母，接著則是有權位的主母輕看並苦待弱小的。這裏還涉及種族衝突，希伯來主母歧視埃及奴僕。夏甲兩次離家，第一次是受屈逃走，第二次是被趕走。

上帝作了甚麼？上帝沒有出手阻擋撒拉，也沒有以調解員姿態，邀請三方坐下懇談。當夏甲第一次出走時，上帝主動派使者找夏甲，以溫和的話問候她，並指示她回去及謙卑服事女主人。最出人意表的是，上帝應許她正如應許亞伯拉罕一樣：「我必定使你的後裔繁多，多得數不勝數！」(創十六 10；《新漢語譯本》) 上帝向她啟示，給她兒子起名：「你已懷了孕，將要生下一個兒子，你要給他起名叫以實瑪利 (意思是上帝聽見)，因為……」(創十六 11 ~ 12；《新漢語譯本》) 這情況就如同撒拉和耶穌的母親馬利亞。夏甲的回應，如同亞伯拉罕一樣，都是出於他們敬畏和相信上帝，並對祂有一親切的認識，於是夏甲稱上主之名為「你是看見我的上帝」，且為旁邊的一口井命名為「看見我的永活者的井」，以作記念。若亞伯拉罕是蒙上帝應許的信心之父和多國之父，那麼，夏甲就是蒙應許的信心之母和多國之母。這是何等尊貴！

上帝在這件尊卑之爭的衝突中，親近和提拔卑下的奴僕成為尊榮的母親。如此看來，上帝解救困苦人和家庭衝突中的弱者，乃是何等奇妙和偉大的作為，因祂不是「頭痛醫頭」，乃是創作新事。

第二次她和兒子被亞伯拉罕打發走，在曠野流蕩，水斷糧盡。在絕望哀哭之際，上帝的使者從天上呼叫夏甲，安慰她，應許上帝必使她兒子成為大國。上帝還賜水給她倆喝。母親夏甲於是繼續撫養兒子，給兒子娶妻，正如父親亞伯拉罕給兒子娶妻。

上帝與以實瑪利同在，正如祂與亞伯位罕同在，他們獲得相同的祝福。當亞伯拉罕氣絕而死，以實瑪利也與以撒一同把他埋葬。創世記所記載後代的名單，先記以實瑪利，後記以撒，以實瑪利成為亞拉伯人的祖先，而且生出十二個大族的祖先（創二十五12～18），且更比以撒的兒子雅各，更早誕下十二支派之祖先。

上帝主宰各民族的誕生和分配產業，對於愛莫能助而哀愁的亞伯拉罕，祂了解並親自臨近，解他心中愁煩，並著他要聽從妻子的話，以確立以撒的地位。難能可貴的是，上帝亦為以實瑪利開一條出路，肯定他也是亞伯拉罕所生的兒子，同蒙上帝的應許，使他成為一國。這樣，上帝化解了爭產之鬥，兩位兒子各有產業，這是超過亞伯拉罕的能力所及。撒拉弄出來的計謀破壞了家庭，但上帝卻為人的錯失補救，並添加恩典。

4. 丈夫寵愛之爭 —— 利亞與拉結

事件記載於創世記二十九章15節至三十章24節。在舅父拉班的精心安排下，雅各娶了利亞和拉結兩姊妹。妹妹拉結才是雅各的意中人，她的形態和容貌都俊美，而姊姊利亞則雙目柔弱。婚後利亞遭受冷落，也被妹妹憎恨。兩姐妹從此衝突不斷，以生育來爭取丈夫的愛和歸屬，以致家無寧日。她們為兒子們所取的名字，無不反映了向對方示威的用意，連雅各也被她們擺佈。

上主作了甚麼呢？祂沒有指責雅各偏愛，也沒有要求兩姊妹和解，祂因看見利亞失寵，而使她生育，卻使受寵愛的拉結無法生育。當利亞生了六個兒子及一個女兒、並受到尊崇時，上帝才顧念拉結，於是賜她生育。上帝顧惜不被愛的一方，讓她被愛，同時讓受寵愛的拉結，經歷羞辱和無能為力的時刻，最後兩人都只能仰望上主，稱頌上主。上帝對拉結也有厚愛，讓她的兒子約瑟特別敬畏上帝，日後成為全家的拯救。

5. 個性偏好之爭 —— 以撒與利百加

事件記載於創世記二十五至二十八章。夫妻往往因性格不同而對子女有所偏愛，甚至影響家事判斷的取向，以撒和利百加便是一例。以撒自出母胎已受富裕而年長的父親亞伯拉罕照顧，婚姻大事又有老僕人代勞，因而個性較被動和內向。他妻子利百加的性格則較外向和主動，當她在井旁遇見亞伯拉罕的老僕人請求水喝時，就急忙熱情地把肩上的瓶卸下給他，又主動把水給他的駱駝喝。她的殷勤款待和強健的體魄，受到賞識，立即被選定為以撒之妻。

夫婦二人對兒女各有偏好，以撒因愛吃野味而愛以掃，利百加卻愛為人文靜又常留在家中的雅各。利百加可能不服丈夫，才教唆小兒子騙取丈夫原意給大兒子的祝福。因利百加爭奪祝福的控制權，結果引致兒子二人的長期仇恨，家也散了。上主在這一夫妻關係上保持沉默，容讓事情發展。

三 蒙選召的帝王之家

在王國初期的帝王之家，記載了三段兄弟之間的衝突，以及兩對父子之爭。

1. 信念差異之爭 —— 兄長與大衛

事件記載於撒母耳記上十七章。耶西有八個兒子，大衛排行最尾。當時，三個大兒子跟隨掃羅出征，大衛受父親所託，拿奶餅送給在軍營的哥哥們。大衛在營地對討戰的情況表示好奇，並不斷追問殺歌利亞的獎賞，且輕看那非利士人，甚至表示自己出戰的願望。大衛所說的話，重點是基於他看那人是未受割禮的，是不屬於上主立約的人。大哥以利押聽見大衛跟眾人說的話，就發怒，嚷他回去看羊，因他以為大衛乃出於驕傲，不懷好意，怕他攪亂大局，引發爭戰。

其實，這是因為兩兄弟的眼界不同，兄長曲解了弟弟的心思。弟弟大衛並不嘗試說服哥哥，而是離開他，轉向追問別人出戰的獎賞。他堅持自己可以出戰殺死歌利亞，他對上主的信心勝過家人的羈絆。上主施恩在大衛身上，使他的話成就。這件事反映了堅持信仰可能會引起衝突，但上帝卻不會令信靠他的人蒙羞。

2. 報仇雪恥之爭 —— 暗嫩與押沙龍

事件記載於撒母耳記下十三章。大衛有八個妻子，分別生育十個兒子和一個女兒。大兒子暗嫩是亞希媛所生，押沙龍和他瑪則是瑪迦所生。暗嫩利用了父親，設局污辱了他瑪，而為父的大衛卻容忍這惡行而不施刑罰。於是，他瑪的親兄押沙龍恨惡暗嫩，後來更為妹報仇而謀殺了暗嫩。

上主在這事上不施救助也沒有說話，因為這事的記載緊接上文撒母耳記下十一及十二章，當中記載了大衛犯姦淫並謀殺烏利亞，流無辜人的血。上帝藉先知拿單宣判刀劍必不離大衛的家，而這禍患則是上帝的話的落實，也顯出為父的大衛其不公和塞責。

3. 王位繼承之爭 —— 亞多尼雅與所羅門

列王紀上一至二章記載所羅門與異母哈及所生的亞多尼

雅爭奪王位。父親大衛向來縱容亞多尼雅，家中排行第三，是暗嫩和押沙龍死後最年長的一位，而且外貌十分俊美，受人愛戴。論他們的軍力和團隊，二人不相上下，各有父王的大將軍、祭司、先知、勇士的擁護。論氣勢和策略，亞多尼雅可謂處心積慮，且先發制人，主動謀劃「黃袍加身」大會，所羅門卻不動聲息。王位繼承問題成為兩兄弟的衝突核心，鬥到你死我活，結果先知拿單和所羅門的母親代其出手，親自勸說年老的大衛，而大衛果斷地下令立所羅門為王並即時登位。亞多尼雅及歸順他的元帥約押，先後被所羅門下令殺死，其餘的被革職，這場相爭才告平息。

上帝作了甚麼？沉默。先知拿單出主意保住所羅門的王位繼承權，而拔示巴則向大衛重申，他曾指著上主他的上帝起誓，會立所羅門作王。從這件事上，可見辨別上帝心意的人，就是那些與上帝建立了長久關係的人，以致面對衝突時，即使沒有上帝直接的指示，他們也能謹守崗位，運用智謀，且能積極面對，最後得以破解困局。

4. 價值差異之爭 —— 掃羅與約拿單

事件記載於撒母耳記上十三至十四章及十八至二十章。君王中的第一對父子掃羅與約拿單，他們不論在作戰信念、處事方式，以及對待大衛的態度，都存有差異。

首先，當大敵當前，掃羅違反祭司和先知撒母耳的吩咐，急於獻祭，他所持的理由是：害怕流失士兵，以為先獻了祭，就可以無礙地應戰，也可穩定兵力。他輕率地看待獻祭，一心關注靠兵力取勝。因當時兵力實在懸殊，他們勢孤力弱。非利士人有三隊軍車、六隊馬兵，步兵像海邊的沙眾多。以色列只有三隊民兵，其中兩隊跟從掃羅在密抹聚集，一隊跟從約拿單在基比亞紮營，而以色列民兵還怕得要死。

相對於父親，約拿單所領的民兵還更少，他卻剛強膽壯，竟然單人夜探非利士人的防營。因為他有另一種看見：他看非利士人是未受割禮的人，不屬上主，也不受上主保祐。他也有另一種信念：他信上主可能會施展大能，因他相信並認識到，上主使人得勝，不在乎人多人少。兩父子看見兩種不同的真實。父親看兵量定勝負；兒子看上主的大能定勝負。兒子沒有將行動告訴父親，他是刻意隱瞞，暗中行事，可能心知父親必會反對。

第二方面，在激烈作戰的狀態下，兩父子對待民兵的取態也不相同，兒子甚至違反父親禁令，認為父親犯錯。因為掃羅強令人民起誓禁食至晚上，令民兵飢餓以致無力作戰，身心疲乏。約拿單原先不知父親已下禁令，所以享用蜂蜜，及至下屬提醒，他便立即為父親的愚蠢禁令而致歉。事後，因約拿單違反禁令而被掃羅下令處死，幸得眾民兵為他求命，見證他與上主肩並肩作戰，才得免死。在這件事上，掃羅只為好勝而不顧人民生死，約拿單則顧惜民兵的性命，做事合乎情理。當父親追究責任時，約拿單沒有逃避或欺瞞，也沒有背叛父親，只服從判決，不為自己申辯。

第三方面，他們兩父子最激烈的衝突，就是在於對待大衛的態度。約拿單喜愛大衛，掃羅卻害怕他，並深深感受到威脅。當掃羅下令殺死大衛，約拿單因珍惜他而一心要保護他，為他求情，讓他逃脫。後來，約拿單因維護大衛而與父親決裂，甚至幾乎遭父親殺害。結果，約拿單哀傷地送走大衛，自己仍忠心順服父親，並肩作戰，直至戰死沙場(撒上三十一2)。

上帝作了甚麼？上帝與約拿單同在，賜予他勇氣、正義感及多場勝仗。上帝賜他與大衛結成盟友。當他與父親衝突時，上帝暗暗地保護他的性命。然而，對於他們父子的衝突，卻沒有發出任何話語。由此可見，即使上帝沒有直接向我們說話，身在其中的人也有能力作出抉擇，分辨甚麼是該作的事。

5. 謀奪王權之爭 —— 大衛與押沙龍

君王父子衝突的另一件事件，發生在大衛家，記載於撒母耳記下十四至十八章。大衛愛惜既英俊又勇敢的二子押沙龍，而押沙龍對父親則既仰慕又怨恨，因他對於其不公正處理暗嫩強姦自己親妹他瑪一事，感到非常失望和憤怒，內心不服父親。當押沙龍執行公義、為妹報仇殺死暗嫩之後，始終得不到大衛親口寬恕，直至他逃亡三年後，他才獲准返回耶路撒冷，但父親大衛卻不與他見面，過了兩年大衛才與他親嘴。父子五年沒有相見，那份疏離和割裂甚深，兒子遂起奪位念頭。因著押沙龍的叛變，大衛被迫倉惶逃走。最終，押沙龍被殺，大衛恢復王位，但國家卻元氣大傷。

上帝作了甚麼？上帝沉默不語。上帝垂聽大衛逃命期間的呼求，祝福他的朋友戶篩，使他的計謀被押沙龍接受。上主定意降禍與押沙龍，藉動亂暗中施行刑罰和拯救。

四 總結：家庭衝突中的神人互動

綜合以上的個案，從人的層面，我們看見重複的衝突元素：婚姻制度如一夫多妻、長子雙份遺產、子承父權、王位子傳等；農業結構對土地資源的倚重也引發多少的張力；個人因素在於個性差異、人性的偏好、罪性的頑固、自私的追求，愛恨的交纏等；追求信仰和對價值的堅持，如為順服上主、為維護無辜者、追討罪罰等，甚至為了對上主忠誠，而超越家庭的羈絆，違抗父兄之命。這樣看來，在人間無可避免地有大大小小的衝突，而在至親的手足、夫妻、父子之間的恩怨，有時更是長久未能化解，有些恩怨甚至無法化解。

經文沒有提供一個祕方或必定通達的化解之道。那麼，上帝留給我們的啟示是甚麼呢？因著上帝親自呼召這些家庭，祂關心並照顧他們，為家庭定了父母親的角色，父親應受尊重並授權管理家庭：「人若有二妻，一為所愛，一為所惡，所愛的、所惡的都給他生了兒子，但長子是所惡之妻生的。到了把產業分給兒子承受的時候，不可將所愛之妻生的兒子立為長子，在所惡之妻生的兒子以上，卻要認所惡之妻生的兒子為長子，將產業多加一分給他；因這兒子是他力量強壯的時候生的，長子的名分本當歸他。人若有頑梗悖逆的兒子，不聽從父母的話，他們雖懲治他，他仍不聽從，父母就要抓住他，將他帶到本地的城門、本城的長老那裏，對長老說：『我們這兒子頑梗悖逆，不聽從我們的話，是貪食好酒的人。』本城的眾人就要用石頭將他打死。這樣，就把那惡從你們中間除掉，以色列眾人都要聽見害怕。」（申二十一 15 ～ 21）那麼，上帝豈不是已將部分管理衝突的權柄授予父母嗎？作為父親的若不把持公正，衝突便更形加劇，大衛家是一例子。

有限的土地資源也成為爭競的原因之一，但是，上帝在舊約啟示了祂與以色列民和土地的三角關係，[1] 祂仍在掌握土地的分配，爭競的人不能破壞上帝與人立的約。因祂在創作新事，賜予被逐出應許之家的夏甲和以實瑪利地土和民族。

上帝表面上好像對這些家庭的一些衝突保持緘默，祂卻沒有停止行事，而是暗中眷顧被屈受苦的一方，有時更特別向他們顯現和與他們同在，有時為人開出路，有時出手救助受欺壓者。祂也會藉他們互相的攻擊來施行刑罰。令人深刻的是，上帝向雅各顯現時所給的祝福，並不是他騙取的所謂財富、權力或土地，而是祂自己的同在。原來，上帝眼中真正的祝福，是在上帝的同在之下，使人重回家庭，就如祂以大能帶領雅各與以掃重聚和相和，並引領約瑟饒恕兄長。

如此看來，世上不易成就和諧一致的快樂家庭！我們也不用因自己的家庭不符理想而灰心，上帝既是亞伯拉罕、以撒、雅各、約瑟、大衛的上帝，他們的家庭也遇著各式各樣的爭鬥和仇恨；那麼，我們不完美的家，上帝也必定能應付。

聖經肯定人被賦予自由作出反應並承擔後果，表面看來，衝突是關乎人與人之間的事，但聖經要我們深入察看，這也是關乎人與上主之間的事。正如德蘭修女所說：

人們經常不講道理，沒有邏輯和自我中心；
　　不管怎樣，你還是要原諒他們。
即使你是友善的，人們可能還會說你自私和動機不良；
　　不管怎樣，你還是要友善。
當你成功，你會有一些虛假的朋友，和一些真實的敵人；
　　不管怎樣，你還是要取得成功。
即使你是誠實和率直的，人們可能還是會欺騙你；
　　不管怎樣，你還是要誠實和率直。
你多年來營造的東西，有人在一夜之間把它摧毀；
　　不管怎樣，你還是要去營造。
如果你找到了平靜和幸福，他們可能會嫉妒你；

不管怎樣，你還是要快樂。

你今天的善事，人們往往明天就忘記；

不管怎樣，你還是要做善事。

即使把你最好的東西給了這個世界，也許這些東西永遠都不夠；

不管怎樣，把你最好的東西給這個世界。

你看，說到底，它是你和上主之間的事，而決不是你和他人之間的事。

註釋：

1. 參萊特（Christopher J. H. Wright）：《基督教舊約倫理學》第 10 章「文化與家庭」，黃龍光譯（台北：校園，2011），頁 403～444。

5

從馬太福音中耶穌與宗教領袖的衝突看天國的價值

張祥志

一 引言：如何閱讀聖經敍述文的衝突記載

現代文學評經學（literary criticism）中有一分支稱為敍述評經學（narrative criticism），其特色是將整卷書卷視為一完整的故事，並將書卷內容歸納成不同類別作出整體分析，一般包括敍述者、場景、情節、人物角色、讀者等。[1] 傳統教會教導信徒讀經的方法，大多是「逐段式默想」的靈修讀經法。用這種方法鼓勵信徒讀經固然是好事，但卻會令他們容易忽略經文的整體故事性發展，並很容易將經文分割成獨立的小段落來理解，甚至把經文故事的前文後理、起承轉合等情節發展等置諸不理，以致造成不準確的理解。敍述評經學則強調必須以書卷的整體發展來理解經文，以致可更準確地掌握故事人物在不同階段中所產生的變化。

在敍述評經學中，情節是其中一個分析的重點，而「衝突」

則是情節分析的最重要一環。沒有「衝突」，故事只會變成一連串沒有張力、懸疑、掙扎的事件，而「衝突」則揭示敍述故事的核心價值及信念。[2] 透過故事中不同角色的衝突，讀者可以認識他們的思想信念及價值取向。在福音書中，耶穌所帶來的天國價值，可以透過反對者與祂的衝突，更加得以凸顯。因此，想明白福音書中耶穌的思想信念，讀者應特別留意他人與耶穌的衝突、彼此間的差異何在、各方的價值取向如何等。本文嘗試以敍述評經學進路，分析馬太福音中的宗教領袖及其與耶穌的衝突，從而看天國價值的內涵。

二 馬太福音中耶穌與宗教領袖衝突的綜覽 [3]

1. 第一段落（太一 1～四 16）[4]

A. 宗教領袖的初現（二1～6）

耶穌出生後，有幾個博士來到耶路撒冷，說要去拜那生下來作猶太人之王。希律王聽見了，就心裏不安，他就召齊了祭司長和民間的文士，問他們基督當生在何處，他們就回答說是在猶大的伯利恆，這是宗教領袖在馬太福音中首次出場。京士柏（Jack Dean Kingsbury）對此有三點觀察：（1）宗教領袖首次出場是與希律王結盟，而其後我們知道希律想殺害耶穌（二13）；（2）與希律一樣，作為耶路撒冷權力的一部分，他們對耶穌出生的反應不是歡喜而是害怕；（3）他們遵行希律的命令去回答基督的出生地。[5]

B. 施洗約翰痛罵法利賽人和撒都該人（三7～10）

當中沒有提及原因，經文只提到耶穌的先鋒施洗約翰稱呼法利賽人和撒都該人為「毒蛇的種類」，並且指出他們不要恃著自己是亞伯拉罕的子孫，他們若不結悔改的果子，都不能逃避將來的審判。

C. 耶穌受魔鬼的試探（四1～11）

本段雖然沒有直接提及宗教領袖，但經文的用字將宗教領袖與撒但連為一線，這也是文學釋經的慣用解釋方法：

1. 耶穌被聖靈引到曠野，受魔鬼的試探（πειράζω; *peirazō*；四 1）
2. 法利賽人和撒都該人前來試探（πειράζω; *peirazō*）耶穌（十六 1）。
3. 法利賽人前來試探（πειράζω; *peirazō*）耶穌（十九 3）。
4. 內中有一個人是律法師，要試探（πειράζω; *peirazō*）耶穌，就問他說⋯⋯（二十二 35）

宗教領袖在第一大段的出現，給人的感覺並不正面，都是敵擋耶穌、被稱為毒蛇的種類、與魔鬼結連等。在這階段，宗教領袖仍未與耶穌有直接的衝突。

2. 第二段落（太四 17～ 十一 1）

A. 登山寶訓的講論（五1～七28）

在馬太福音五至七章的登山寶訓講論中，雖沒有描述耶穌與宗教領袖的直接衝突，但卻記載了耶穌對文士和法利賽人的批判。我告訴你們：「你們的義若不勝於文士和法利賽人的義，斷不能進天國。」（五 20）這裏耶穌暗示了單憑文士和法利賽人的義是不能進天國的，但他們的義是甚麼？聖經的下文給了我們仔細的闡述。

(i)只按字面應用，沒有遵行律法的精神(五21～48)

在馬太福音五章21至48節中，耶穌對門徒及羣眾講述了六組關於律法的教導，每組教導都有相同的公式，就是從古人的吩咐到耶穌的吩咐：從你們聽見有吩咐古人的話(五21、33)/你們聽見有話說(五27、38、43)/又有話說(五31)，到只是我告訴你們(五22、28、32、34、39、44)。耶穌之前曾說：「莫想我來要廢掉律法和先知。我來不是要廢掉，乃是要成全。」(五17)這句說話顯示，接著下來的六組律法的教導，耶穌並非要否定或更改它們的意思；而是要將它們原本的精神，在當時羣眾的處境中應用出來：

1. **論殺人(五21～26)**：古人說：「不可殺人」，但耶穌卻指向殺人的根源動機——動怒，他指出要解決殺人的問題，先要解決人心動怒的問題，並且要盡快及徹底與別人和好，杜絕一切動怒的可能。
2. **論姦淫(五27～30)**：古人說：「不可姦淫」，耶穌又再次指向問題的根源——動淫念，他指出姦淫的問題不單在於行動，更在於思想，要阻止姦淫發生，必須要從思想的種子階段入手，不讓它有任何生長的機會，就算忍痛犧牲部分生命，也不讓整個生命失喪。
3. **論休妻(五31～32)**：古人說：「人若休妻，就當給她休書」，古代以色列重男輕女，男人對妻子有任何不滿意之處，都可以把她休了。在這男女極度不平等的社會狀況下，耶穌提出若不是為淫亂的緣故，人都不可休妻。換句話說，耶穌將過往男人以甚麼理由都可以休妻的權利，收限於只有因淫亂才可休妻，其目的是為保障社會中弱勢的女子，不致被男權濫欺。

4. **論起誓(五 33～37)**：古人說：「不可背誓」，耶穌則說不可起誓，耶穌的重點並不在於是否起誓，而是在於「做人要有誠信」。《和合本》聖經中「你們的話，是，就說是；不是，就說不是」，原文應譯作：「讓你們的話是，是；不是，不是」。[6]意思是，當你們的話是「是」的時候，就要讓那件事情成為「是」；當你們的話是「不是」的時候，就要讓那件事情成為「不是」。換句話說，就是不可食言，說得出就要做得到，讓口裏所說的，與實際結果成為一致。如果能夠做到「言行一致」，則起誓與否都無關重要，亦毋須拉那更大的神明下來，以肯定自己的說話。
5. **論以眼還眼(五 38～42)**：古人說：「以眼還眼，以牙還眼」，耶穌則以「主動雙倍受欺」來教導子民。我們首先要明白，「以眼還眼」在古代律法的重點，在於「公平回報，等量賠償」的公義法則(參出二十一 24；利二十四 17～20；申十九 21)，而不是中國人「有仇不報非君子」的復仇觀念。耶穌首先教導不可與惡人作對，即面對權勢比自己強大的人，不能與他們作對。當面對可以打你右臉、拿你裏衣、逼你走一里路的那些權勢分子，在如此實力懸殊的情況下，怎樣可以彰顯公義？以眼還眼？會否更被殘暴地對待？耶穌的答案是：透過主動雙倍受欺，將對方的邪惡加倍彰顯，以凸顯對方的邪惡是何等無理，以表達對對方強權行為的控訴，同時也表達對公義的渴求是何等熱切。耶穌這樣教導不是普遍性，而是非常處境性的，因為在強弱懸殊的處境下，作為弱勢的一方，決不可能用「以眼還眼」的手法，因為根本只會被對方繼續強權鎮壓；相反，主動雙倍受害，更能凸顯邪惡，讓人更渴求公義的彰顯。
6. **論對待仇敵(五 43～47)**：古人說：「當愛你的鄰舍，恨你的仇敵」，耶穌則說要愛你們的仇敵，為那逼迫你們的禱告。耶穌以創造的角度教導子民，因為上帝愛所有人，包括好人及歹人，義人及不義的人，所以子民也要像上帝一樣有寬宏大量的心胸，不單只愛那些愛我們的人，就連那些恨我們的人都要去愛他們。

「所以，你們要完全，像你們的天父完全一樣。」（五 48）這句說話呼應著「你們的義若不勝過文士和法利賽人的義，斷不能進天國」（五 20）。這裏反映出文士和法利賽人對律法的理解並不完全，並未符合進天國的條件。主要原因是他們對律法只存著狹隘及表面的詮釋及應用，而沒有將律法原初的核心精神彰顯出來。律法原本是要讓人生活在上帝的創造秩序之中，活得平安美好，但若將律法的美好精神抽空，只剩下一堆堆冰冷無情僵化的規條，並且強加諸別人身上，這只會把律法變成壓逼他人的工具，讓人活在痛苦當中。這樣的義，有違天國的義，而且並不「完全」。這是耶穌對文士和法利賽人最初的批判。

（ii）假冒為善（六 1～18）

耶穌接續對文士和法利賽人的義作出更深層次的批判。耶穌教導子民，不可將義行在人的面前，故意叫人看見，為著得人的榮耀（1～2 節）。[7]

耶穌用了三個猶大人敬虔生命的表現來闡述：施捨、禱告及禁食。三個論述都有相同格式：你們施捨/禱告/禁食的時候，不可像那假冒為善的人（2、5、16 節）；[8] 我實在告訴你，他們已經得了他們的賞賜（2、5、16 節）；你施捨/禱告/禁食的時候，要行在暗中，你父在暗中察看，必然報答你（3、6、

17～18節）。而假冒為善的人，在二十三章基本上是指文士和法利賽人（二十三13、15、23、25、27、29）。

文士和法利賽人所做的動作，表面上都是很屬靈的事情，但他們真正追求的，並不是那些屬靈事情的本質，而是另有所圖，就是要得人的榮耀，而這個方向正正與那些屬靈事情的本質背道而馳。施捨的目的是為了幫助貧困人士，現在他們施捨是為得人的榮耀；禱告的焦點是上帝本身，現在他們禱告卻是將焦點放在自己身上；禁食本來是一種自我謙卑的悔罪，現在禁食卻成為自我炫耀的表演。文士和法利賽人為使別人成為他們的觀眾，為求他們的贊同，為得到社會上的崇高地位，他們不惜使敬拜變成一個舞台來炫耀自己，透過敬拜上帝的動作來敬拜自我；並且為保持自己的優越階級位置，將羣眾放在一個「接受恩惠」的低等地位，永遠維持著一個權力不平均的社會架構。

而耶穌所倡議的天國價值則走相反路線，無論施捨、禱告、禁食都要行在暗中。只有「暗中」才能讓屬靈事情的意義按著其原本面貌呈現出來，不會讓它變成一種手段去扭曲其原本真相。更加重要的是，「暗中」才能防止作事的人透過這些屬靈行為去自我炫耀，以致將別人永遠壓在自己下面，造成階級高低之分。況且，惟一真正應得榮耀的只有天上的父，而不是人（五16）。雖然耶穌還未直接與宗教領袖碰面，但他對宗教領袖的負面看法已昭然若揭。

B. 初步交鋒

(i) 醫治癱子（九1～8）

有人用褥子抬了一個癱子到耶穌那裏，耶穌對癱子說：「小子，放心吧！你的罪赦了。」基於這句話，有幾個文士心裏認為耶穌說了僭妄的話。耶穌知道他們的心意，就說：「你們為甚麼心裏懷著惡念呢？」然後耶穌要叫他們知道，人子在地上有赦罪的權柄，就把癱子治好，而眾人看見之後就歸榮耀與上帝。

要留心的是，這初次衝突的發起人不是文士，而是耶穌。因為面對著患病的癱子，耶穌不是對他說：「小子，放心吧！你的病治好了。」而是說：「你的罪赦了。」這句說話表示，耶穌自己有著上帝同等的權柄，也就因著這句話，而引起了文士心裏的疑惑：為甚麼耶穌要這樣說呢？尤有甚者，文士只是心裏疑惑，但耶穌更進一步將他們心裏所想，冠以惡念之名，將其挑抽出來：為甚麼耶穌要這樣做？很明顯，耶穌主動挑起衝突，是要讓文士及羣眾透過祂的醫治去認識祂真正的身分。然而，經文沒有告訴我們文士的反應怎樣。

(ii)與稅吏和罪人一同坐席(九 9～13)

耶穌在稅吏馬太的家裏坐席的時候，有好些稅吏和罪人來與祂和祂的門徒一同坐席，法利賽人看見，就對祂的門徒質疑說：「你們的先生為甚麼和稅吏並罪人一同吃飯呢？」耶穌聽見，便主動回應他們：「康健的人用不著醫生，有病的人才用得著…… 我來本不是召義人，乃是召罪人。」

在法利賽人心目中，耶穌的行為超越了他們其分別出來的潔淨規範，但他們沒有直接質問耶穌，只是問祂的門徒；然而，耶穌卻主動回應他們，將自己來尋找的對象並天國價值的性質告訴他們。同樣，經文沒有記載法利賽人的反應如何。

(iii)神蹟醫治(九 18～35)

這段落記載了耶穌一連串的醫治神蹟，包括醫好患十二年血漏的女人、使管會堂的女兒復活、醫治兩個瞎子、將附在啞吧身上的鬼趕出。耶穌這一連串的行動，把他的名聲傳遍了加利利的地方（16、31 節），並使羣眾希奇，因為在以色列中從來沒有見過這樣的事（33 節）。然而，對於這一切一切，法利賽人心裏卻不是味兒，把耶穌趕鬼的行動看為「他是靠著鬼王趕鬼」（34 節）。

在宗教領袖的心目中，耶穌的種種行動都衝擊著他們既有的觀念：他們認為只有上帝才有赦罪的權柄；潔淨的規條使他們不會與稅吏罪人一同坐席；在羣眾層面，他們才是被敬重的對象等。現在耶穌的出位行動及言論正震盪著他們的心靈，以致他們對耶穌行動有著負面的回應，他們質疑耶穌的赦罪權柄，質疑耶穌與罪人坐席的做法，甚至將耶穌的醫治及趕鬼行為視為鬼王的工作。然而，這段落記載的衝突只屬初步階段，因為在這些事件中，耶穌沒有被直接挑戰，宗教領袖只是心裏疑惑、向門徒質問、心裏有想法而已，宗教領袖在這階段還無意要動員去攻擊耶穌。[9]

3. 第三段落（太十一 2～ 十六 20）

A. 正面衝突

（i）門徒在安息日掐麥穗吃（十二 1～8）

耶穌的門徒在安息日因肚餓而掐麥穗吃，法利賽人對耶穌說：「看哪，你的門徒做安息日不可做的事了！」（十二 2）耶穌以大衛和跟從祂的人進上帝的殿吃陳設餅的事件回應他們，說祭司在聖殿中違犯安息日也是無罪的，所以祭司給大衛及隨從吃餅是沒有問題的；而耶穌自稱比聖殿更大，所以門徒在安息日吃麥穗也沒有問題。

(ii)安息日醫治枯手的人(十二9～14)

安息日中會堂有一個枯乾手的人，有人問耶穌安息日可不可以治病，目的是要控告他。耶穌反問他們，當安息日有一隻羊掉在坑裏，誰會不把牠拉上來呢？人的生命比羊更貴重，所以安息日是可以行善的。於是耶穌就把枯手的人醫好。法利賽人便出去，商議怎樣可以除滅耶穌。

(iii)醫治瞎啞鬼(十二22～37)

耶穌將一個又瞎又啞的人治好，眾人驚問：「這不是大衛的子孫嗎？」法利賽人聽見眾人的驚歎，便說：「這個人趕鬼，無非是靠著鬼王別西卜啊。」耶穌知道他們的意念，便以不同的比喻駁斥他們。後來祂又說褻瀆聖靈的總不得赦免，甚至以「毒蛇的種類」來稱呼他們，說他們口裏說出他們心裏的惡念。

(iv)要求耶穌顯神蹟(十二38～42)

幾個文士和法利賽人要求耶穌顯個神蹟給他們看，耶穌回應說，在一個邪惡淫亂的世代，除了約拿三日三夜在大魚肚腹中的神蹟外，再沒有神蹟給他們看。這寓意尼尼微人比這世代的人更好，因為他們看見約拿所傳的道而肯悔改。

(v)指控耶穌的門徒不洗手吃飯(十五1～14)

法利賽人和文士來見耶穌，說祂的門徒違犯古人的遺傳，因為他們吃飯的時候不洗手。耶穌指出他們藉著遺傳，廢了上帝的誡命，並指摘他們假冒為善，口裏尊敬上帝，心裏卻遠離上帝。法利賽人聽見這些話就跌倒了，耶穌則批判他們是瞎眼領路的。

(vi)要求耶穌從天上顯個神蹟(十六 1～4)

法利賽人和撒都該人來試探耶穌，要求他從天上顯個神蹟給他們看，耶穌反駁他們不能分辨這時候的神蹟，重複說除了約拿的神蹟以外，再沒有神蹟給他們看。

對宗教領袖來說，耶穌衝擊著他們信仰的核心，挑戰安息日的規條、違犯古人的傳統、拒絕他們那要顯神蹟去證明祂的權柄的要求，並且強烈責罵他們，加上羣眾對耶穌的歡迎，於是宗教領袖開始直接反對耶穌。對耶穌來說，宗教領袖堅守宗教規條及古人傳統，並不是因為他們真正尊重上帝，這些都只不過是他們用來維護他們權力及地位的外衣，他們將宗教規條淩駕於人的幸福及上帝的命令之上，假冒為善，認為禮儀比憐憫更重要。為了不想失去羣眾支持，他們不惜將耶穌的工作看為撒但的工作，甚至開始商議要除滅他；他們看過無數神蹟，但仍要求耶穌顯神蹟，這顯示他們徹底的不接受耶穌。如此拒絕天國的價值，難怪耶穌也毫不客氣地痛罵他們是毒蛇的種類、邪惡淫亂的世代、假冒為善、對上帝口敬心遠、瞎眼領路等。

在這段落，耶穌與宗教領袖的衝突明顯升溫，言語及行動都相對粗烈，而對耶穌的反抗亦開始提升到「商議除滅」的層次。

4. 第四段落(太十六 21～ 二十八 20)

A. 衝突的高峯：聖殿衝突

(i)試探耶穌關於休妻問題(十九 3～9)

法利賽人以關於休妻的問題來試探耶穌，耶穌則以創造故事回應，即上帝所配合的，人不能分開。但法利賽人問為甚麼摩西吩咐給妻休書，就可以休她，耶穌則回應說，因為他們心硬才容許他們休妻，但起初並不是這樣。耶穌的意思，就是以創造秩序的價值，打破社會權力階級的價值，即不可因男人有權力而任意對待弱勢的女人。

(ii)潔淨聖殿(二十一 12～17)

耶穌進入耶路撒冷後，進到上帝的殿，主動趕出殿裏一切做買賣的人，推倒兌換銀錢之人的桌子和賣鴿子之人的凳子；對他們說：「我的殿必稱為禱告的殿，你們倒使它成為賊窩了。」當時殿裏有些瞎子和瘸子到耶穌那裏，耶穌就治好了他們。祭司長和文士看見耶穌所做的，又見小孩子在殿裏喊叫「和散那歸於大衛的子孫！」他們就甚惱怒。

聖殿是上帝的住所，同時也是宗教領袖的權力核心所在。耶穌潔淨聖殿象徵著他們在聖殿所作的都不合上帝的心意。耶穌說他們將聖殿變成賊窩，意即宗教領袖沒有好好履行聖殿應有的功能，作禱告的殿，醫治釋放人的生命，讓人與上帝建立正確的關係；相反，他們卻借聖殿的種種禮儀、經濟活動及自己在聖殿的地位，掠奪別人的幸福以自肥。受到耶穌這核心的攻擊，加上羣眾對耶穌的讚賞，宗教領袖心裏自然甚是惱怒。

(iii)聖殿車輪戰(二十一至二十二章)

耶穌高調潔淨聖殿後，宗教領袖便發動車輪戰反擊耶穌。祭司長和民間的長老質問耶穌仗著甚麼權柄潔淨聖殿，耶穌以施洗約翰的權柄來源來回應，以致他們啞口無言，加上以惡園戶的比喻，指出他們要殺害上帝的兒子，以侵吞上帝的產業的惡謀。他們知道耶穌是指著他們自己來說的，便想要捉拿祂，只是怕羣眾，因為羣眾以耶穌為先知（二十一 23～45）。法利賽人商議怎樣就著耶穌的話陷害祂，就連同希律黨的人去見耶穌，問祂可不可以納稅給凱撒。耶穌看出他們的惡意，說他們是假冒為善的人，並說凱撒的物當歸給凱撒，上帝的物當歸給上帝。他們聽見就希奇，離開耶穌走了（二十二 15～22）。撒都該人挑戰耶穌關於復活的問題，耶穌指他們不明白聖經，也不曉得上帝的大能，眾人聽見祂的話，就希奇祂的教導（二十二 23～33）。法利賽人聽見耶穌堵住了撒都該人的口，他們就聚集試探耶穌，問律法上哪一條是最大的誡命，耶穌回應說，是要盡心、盡性、盡意，愛主你的上帝，其次是要愛人如己（二十二 34～40）。最後，耶穌更主動還擊，趁法利賽人聚集的時候，問他們基督是誰的子孫，他們回答是大衛的子孫，耶穌以詩篇駁斥他們，說大衛既稱基督為主，祂怎麼又是大衛的子孫呢？法利賽人沒有一個人能回答一言。從那日以後，也沒有人敢再問祂甚麼了（二十二 41～46）。

宗教領袖對耶穌的一切行動都不服氣，以車輪戰形式去挑戰耶穌，質問其權柄來源、質疑其國家觀念、質詢其復活的言論、質問其誡命思想。但耶穌卻舌戰羣儒，逐一反駁，使他們啞口無言。

（iv）耶穌怒批文士及法利賽人（二十三章）

在這一切辯論之後，耶穌對眾人和門徒講論，狠批文士及法利賽人，說他們能說不能行，把難擔的重擔捆起來，擱在人的肩上，但自己卻一個指頭也不肯動（3～4 節）。他們一切所做的事都是要叫人看見，為要得人的榮耀（5～7 節）。他們假冒為善：在人面前將天國關起來，自己不進去，也不許正要進去的人進去（13 節）；他們吞吃寡婦的房屋，並作很長的禱告（14 節）；他們走遍海洋陸地，使一個人進教，既進了教，卻使他作地獄之子，比他們還加倍（15 節）；他們只關注瑣碎的小事（薄荷／茴香／芹菜），卻捨棄更重要的事（公義／憐憫／信實；23 節）；他們是粉飾的墳墓，外面粉飾華麗，向人顯得公義，裏面卻充滿死人的骨頭和一切不潔、充滿假善和不法的事（27～28 節）；他們表面上敬重先知及義人（修飾墳墓），其實是一種掩飾（29～32 節）。他們是瞎眼領路：為了得到金子及祭物，將更重要的原則（向上帝起誓）捨棄（16～22 節）；瑣碎而不潔的小事（蠓蟲）便謹守遵行（濾出來不吃），龐大而不潔的大事（駱駝）卻不謹守遵行（吞下去；24 節）；他們外表潔淨，但裏面卻充滿勒索及放蕩（25～26 節）。他們是毒蛇之種類，並殺害先知、智慧人及文士（33～39 節）。

B. 宗教領袖的絕地反擊（二十六至二十八章）

經過與耶穌一輪的角力交戰，宗教領袖再不能忍受耶穌的存在，於是祭司長和民間的長老，聚集在大祭司稱為該亞法的院裏，商議要用詭計拿住耶穌殺他；只是不能在當節的日子，恐怕民間生亂（二十六 3～5）。後來，十二門徒裏的猶大去見祭司長，願意為一些銀錢將耶穌交出來，他們給了他三十塊錢，他就開始找機會把耶穌交給他們（二十六 14～16）。當耶穌和門徒吃完最後晚餐，他與幾位門徒到客西馬尼那裏禱告，隨後猶大帶著許多手拿刀棒的人從祭司長和民間的長老那裏來到，透過親嘴的記號將耶穌交給他們，他們就上前下手拿住耶穌（二十六 47～50）。

半夜，拿耶穌的人把他帶到大祭司該亞法那裏，接受大祭司的審訊，當時祭司長和全公會的人，都尋找假見證控告耶穌，要治死他，有好些人來作假見證，但總得不著實據（二十六57～60）。最後，大祭司問耶穌是否上帝的兒子基督，耶穌毅然承認，於是大祭司問眾人意見如何，眾人齊聲回答說：「他是該死的。」他們就吐唾沫在祂臉上，用拳頭打祂，也有用手掌打祂的（二十六63～68）。

早上，耶穌站在巡撫面前受審，巡撫彼拉多希奇耶穌一句都不回答宗教領袖對祂的控告。後來，彼拉多利用每逢節期會釋放一個囚犯的慣例，將巴拉巴與耶穌交給羣眾決定，看他們要釋放誰；只是祭司長和長老挑唆眾人，求釋放巴拉巴，除滅耶穌。彼拉多問應如何辦耶穌，他們都說要把祂釘十字架，彼拉多眼見再說也無濟於事，反要生亂，於是拿水在眾人面前洗手，將巴拉巴釋放，把耶穌鞭打了，交給人釘十字架（二十七11～26）。

耶穌釘十字架時，祭司長和文士戲弄耶穌，說祂救了別人不能救自己，若祂現在從十字架下來，他們就信祂（二十七41～43）。最後，耶穌終於死了，一位耶穌的門徒約瑟來向彼拉多求耶穌的身體，彼拉多吩咐給他，約瑟便將耶穌的身體用乾淨細麻布裹好，安放在自己的新墓裏，又把大石頭滾到墓門口（二十七57～60）。

祭司長和法利賽人聚集去見彼拉多，請求他派人看守墳墓，以免祂的門徒把耶穌的屍體偷去，就告訴百姓祂是從死裏復活。於是彼拉多就允許他們帶人去看守墳墓，並把石頭封了（二十七62～66）。第三天，耶穌果然按祂所說的從死裏復活了，婦女透過使者見證了那個墳墓是空的。看守的兵將所經歷的事報告給祭司長，祭司長和長老聚集商議，就拿許多銀錢給兵丁，叫他們說夜間他們睡覺的時候，耶穌的門徒把祂的屍體偷去，並將這話傳開去（二十七 11～15）。

三 綜合總結

1. 宗教領袖

宗教領袖在馬太福音屬於平面角色（flat character），意即他們只有一種特性，就是敵擋耶穌及其帶來的價值觀，這特性從開始到結束都沒有改變過。他們敵擋耶穌，基本上是為了保持自己的既得利益，因為耶穌的來臨給他們帶來極大的威脅。然而，在這基本原因的底層，蘊含著許多深層的邪惡人性。

作為猶太的宗教領袖，上帝期望他們能好好帶領猶太子民與上帝建立美好關係，將上帝的價值實行於地上，建立一個合上帝心意、踐行公義、好施憐憫、互相平等、人人自由的社會。猶太社會是上帝交託給他們管理的一個葡萄園，他們的職責是按上帝的心意好好打理這地方，作一個好園戶（參太二十一33）。可是，他們卻萌生貪念，把屬於上帝的產業據為己有，肆意霸佔從葡萄園得來的利益。他們與羅馬政權勾結，享有眾多特權，宗教及社會地位崇高，有解釋及執行律法的權柄，又有機會控制聖殿的財政，以及有權力去支配子民的意識形態等。身為宗教領袖，他們不僅沒有帶領子民與上帝建立美好關係；相反，他們透過宗教地位及信仰制度去控制及剝削民眾，從他們身上得益處。他們透過敬虔的行為去得人的尊敬；作很長的禱告，但卻吞吃寡婦的房屋；他們能說不能行，把難擔的重擔捆起來，自己一個指頭也不肯動；為得金子及祭物，他們將更重要的原則捨棄；他們外表潔淨，裏面卻充滿勒索及放蕩；宗教禮儀的瑣碎小事做足，但更重要的公義、憐憫、信實反倒不行；他們外面粉飾華麗，向人顯得公義，裏面卻充滿死人的骨頭和一切不潔，充滿假善和不法的事；他們一切所做的都是要叫人看見，為要得人的榮耀；他們口裏尊敬上帝，心卻遠離上帝……

宗教信仰對這些領袖們來說，只不過是一種外表的掩飾。他們只按字面應用律法，但卻完全忽略其精神本意，因為律法原本是要釋放人的生命，建立公義平等的社會，但在他們的詮釋下，律法則變成維護他們優越地位的機制。分別為聖的條例可讓他們與稅吏罪人保持階級距離，安息日的條例可讓他們保持堅守上帝吩咐的屬靈形象，休妻的條例可讓他們繼續維持男權的優越。他們能得到一切現有的利益，都是基於擁有這宗教的地位；故此，他們必須維持美好的宗教外表——施捨、禱告、禁食、口裏尊敬上帝、遵守律法、謹守傳統等，才可以繼續得到他們的利益。一切宗教的外表，都是維繫他們種種利益的道具。他們外表做足，但內涵卻與原本意義背道而馳，表現敬虔乃為得到人的讚賞，外表敬拜上帝，實則在敬拜自己。羣眾不過是他們的觀眾，而不是他們要牧養供應的羊。總之，假冒為善、瞎眼領路可以道出他們真正的本質。

耶穌的出現，對宗教領袖來說是一種莫大的威脅。耶穌的能力比他們大，解經比他們準確，且更受羣眾的擁戴；他指出他們的錯誤，批判他們賴以為榮的信仰傳統，更搶盡他們的風頭。他們抵擋耶穌，不是不知道耶穌的真正身分，而是不能承認耶穌的身分，因為一旦接受祂的身分及言論，他們的種種優越利益——羣眾擁護、金錢油水、人的榮耀、崇高地位、屬靈權柄等——便不能維持，一切利益都會化為烏有。基於要維繫這一切利益，他們必須拒絕耶穌，將耶穌所做的一切視為鬼王的工作、作假見證、質疑其權柄來源、挑唆羣眾反對耶穌、判以死刑、防止其復活、掩飾復活的真相、製造輿論等。總之，耶穌一日不被徹底殲滅，他們一日都不會安心。因此，利益才是他們殺害耶穌的終極原因，也是他們作為毒蛇的種類之本源。

2. 耶穌

耶穌帶來天國的價值。祂釋放人的生命，醫治癱子及血漏女人、使管會堂的女兒復活、醫好瞎子、將啞吧鬼及使人又瞎又啞的鬼趕走；祂打破階級分野及強權欺壓，祂與稅吏罪人一同坐席、將休妻條例收緊，不讓男權被濫用；祂將律法原初的精神恢復過來，祂為大地帶來公義、憐憫、信實、安慰、平等、平安、憐恤、安息、釋放、拯救，讓人與上帝有正確關係、讓人真正榮耀上帝，而不是榮耀自己。

在帶來天國價值的過程中，耶穌主動挑戰及批判宗教領袖；主動挑起衝突；主動挑唆羣眾，説宗教領袖不是之處，叫羣眾防備他們；對宗教領袖的攻擊一一加以駁斥，甚至以辛辣的言辭及行動去狠批他們，祂潔淨聖殿、祂痛罵宗教領袖，稱他們為毒蛇之種類、假冒為善、瞎眼領路、粉飾的墳墓等。耶穌並不是「和諧主義」的鼓吹者，面對宗教領袖的邪惡，祂毫不留情地批判，他曾説：「你們不要想我來是叫地上太平；我來並不是叫地上太平，乃是叫地上動刀兵。」（十 34）在一個邪惡當道、貧富懸殊、權力不均、階級欺壓的社會，講求「和諧」只會鞏固既有的不公義，只會將受苦的人的痛苦，無聲無色地延續下去。最主張「和諧」的往往是社會上的既得利益者，因為「和諧」可以使他們的既得利益變得千秋萬世。面對邪惡的世代，耶穌從來不講「和諧」，祂主動揭露宗教領袖的虛假面具，指出他們的惡毒心腸，一方面教導子民要小心這些人的真面目，另一方面要讓他們的邪惡無所遁形，並讓他們知道，繼續邪惡下去，只會受到他們無法承受的審判。

當然，要叫強權的既得利益者放低自己的利益，去建立一個公義的社會，並不是一件簡單及浪漫的事，挑戰他們是要付出嚴重的代價。耶穌為要打破宗教領袖的「聖殿榮權文化」，建立公義的天國價值，祂忍受了許多痛苦：祂被希律追殺、祂被魔鬼試探、祂被宗教領袖挑戰、祂被誣蔑靠鬼王趕鬼、祂被人意圖除滅、祂被人質疑權柄、祂被猶大出賣、祂被門徒遺棄、祂被吐唾沫、被拳頭打、被手掌打、被捆綁、被羣眾背叛、被鞭打、被戲弄、被葦子打頭、被釘十字架、被譏誚、最後死亡。但對耶穌來說，如果痛苦及死亡是建立天國價值不可避免的代價，祂完全願意面對這沉重的代價。

3. 結語

耶穌不單自己走上這受苦卻有意義的路，祂也希望跟從祂的人，也同樣是走這條路：「若有人要跟從我，就當捨己，背起他的十字架來跟從我。因為，凡要救自己生命的，必喪掉生命；凡為我喪掉生命的，必得著生命。」（十六 24～25）作為耶穌的門徒，我們今天是否願意走上耶穌這條天國的路？

註釋：

1. 這方法的詳細介紹可參考 Mark Allan Powell, *What is Narrative Criticism: A New Approach to the Bible* (Minneapolis, MN: Fortress, 1990)。
2. David Rhoads, Joanna Dewey, and Donald Michie, *Mark As Story: An Introduction to the Narrative of a Gospel*, 2nd ed. (Minneapolis, MN: Augsburg

Fortress, 1999), 77.

3. 宗教領袖泛指馬太福音中的祭司長、文士、法利賽人、撒都該人、律法師等。雖然其背景各有不同，但在書中其角色特性都是一樣，同是敵擋耶穌天國價值的宗教領袖，所以歸為同一類來分析。
4. 本文的段落架構基本上採用 Jack Dean Kingsbury, *Matthew As Story*, 2nd ed. (Philadelphia: Fortress, 1988) 一書。
5. Kingsbury, *Matthew As Story*, 116.
6. ἔστω δὲ ὁ λόγος ὑμῶν ναὶ ναί, οὒ οὔ·（*estō de ho logos humōn nai nai, ou ou*），《呂振中譯本》譯作「你們的話要是就是是，不是就是不是。」
7. 「義」和合本譯作「善事」，但原文應是「義」(δικαιοσύνη; *dikaiosunē*)。
8. 「假冒為善」原文是 ὑποκριτής (*hypokritēs*)，意思是演員。
9. Kingsbury, *Matthew As Story*, 119 ~ 120.

6

從使徒保羅面對的衝突看衝突的類別與回應

邵樟平

一　引言

筆者在構思這篇文章時，腦海中不期然浮現三個英文字：taboo、curse 和 dilemma。由於筆者自幼便參加教會，在自己成長的教會中，已經相當清楚教會中的衝突是甚麼一回事。及後再加上過去近二十年教授神學的生涯中，有很多機會接觸不同的教會，對教會中所出現的衝突的認識，自然更加廣泛。筆者認為以上三個英文字，正好是華人教會面對衝突的最佳寫照：首先，它是 taboo —— 教會一般視衝突為禁忌，縱使它在教會中確實存在，卻是不可以被提及的；其次，它是 curse —— 衝突似乎是緊隨教會的一個魔咒，教會總是無可避免地會出現衝突的事情；結果，它亦是 dilemma —— 衝突成了教會的一個兩難困局。因為在教會中既不能提到有衝突的事情；但是，衝突的事情卻又在教會中不斷湧現。

為甚麼華人教會會陷入這個困局呢？筆者相信，這是因為教會沒有認真去了解和反思衝突這個課題。大多數教會領袖會以為，信徒中間出現衝突便是壞事、不實踐真理、不能榮神益人。但是，為甚麼出現衝突就是壞事呢？所有衝突都是壞事嗎？凡出現衝突都等如沒有實踐真理嗎？若是，那麼沒有實踐的是哪些真理？但是，若信徒中的確發生了衝突，教會又應該怎樣處理呢？其實，針對衝突的出現，我們可以追問的問題實在很多。

筆者相信，若果盼望華人教會能脱離這個困局，首先要做的，便是勇敢地了解衝突究竟是怎樣一回事，並且對這個課題作出反思。筆者這篇文章，便是嘗試從聖經的角度，去對衝突作出一些基本的了解和反思。筆者會從保羅這位信徒的經歷（包括在使徒行傳中所記載的，和保羅自己在書信中所提及的），去探討衝突這個課題。我們探討的進路是這樣：首先，我們嘗試全面勾劃出可能發生在保羅身上的衝突；第二，是嘗試釐清發生在保羅身上的衝突所屬的不同類型；最後，是嘗試指出保羅對不同類型的衝突所採取的回應態度。筆者相信，保羅對不同類型的衝突所採取的態度，是能夠引領教會從衝突的困局中走出來的。

二 新約對保羅面對衝突的記載

1. 使徒行傳中的記載[1]

使徒行傳記載保羅（當時稱他為掃羅）這個人的事迹始自第七章。當時，他仍是一名不信耶穌的激進法利賽人，不時對教會進行逼迫。直到第九章，保羅在大馬士革路上遇見了復活的主之後，他便接受主，「被聖靈充滿」和「受了洗」(九 17～18)。自此，他熱心「在各會堂裏宣傳耶穌，說他是上帝的兒子」(20 節)。這便為信主後的保羅帶來第一次嚴重的衝突：九章 22 至 25 節記載保羅在大馬士革駁倒那裏的猶太人，並且能證明耶穌是基督；但是，其引來的後果，卻是猶太人商議要殺害他。及後，保羅到了耶路撒冷。他在那裏亦一樣放膽奉主的名傳道，與猶太人辯駁。結果是再次招致猶太人的攻擊，那裏的猶太人亦是「想法子要殺他」(29 節)。這兩次是保羅在信主初期時所遇到的衝突。

使徒行傳十三章繼續提到保羅遇上衝突。這裏所記載的是保羅第一次的宣教旅程。保羅第一個傳道的地區是塞浦路斯。當他來到帕弗，要向總督士求·保羅傳道時，他卻受到以呂馬的阻擋。於是，保羅便與他起了衝突，保羅向以呂馬加以斥責，使對方的「眼睛立刻昏蒙黑暗」(十三 11)。

接下去，保羅離開塞浦路斯繼續他的宣教旅程。當他在彼西底的安提阿傳道時，又引致猶太人「滿心嫉妒，硬駁保羅所說的話，並且毀謗」(十三 45)。這些猶太人甚至挑唆當地有權勢的人士逼迫保羅，將他們趕出境外(50 節)。

保羅轉往以哥念傳道後，又遇到有不順從的猶太人聳動外邦人，叫他們惱恨保羅這班宣教士。這裏的衝突不斷加劇，直到外邦人和猶太人，連同那裏的官長，一起到保羅那裏，「要凌辱使徒，用石頭打他們」(十四 5)。保羅便離開那裏，逃往路司得。

保羅在路司得傳道時遇到的衝突更加嚴峻。那些在安提阿、以哥念一直與保羅發生衝突的猶太人，跟著他們來到路司得。他們再一次挑唆那地方的人，以致他們這次真的「用石頭打保羅」，甚至，他們「以為他是死了，便拖到城外」(十四 19)。這次衝突，差點兒便要了保羅的命。雖然，最後保羅仍是平安無事；不過，保羅的第一次宣教旅程，全程都充滿衝突的事情。不是他與敵擋真道的人衝突，就是不順從的猶太人與他衝突。

在使徒行傳十五章 1 至 2 節，我們看到發生在保羅身上的另一類衝突。他這次是與一些相信耶穌的猶太人衝突。這些由猶太來的猶太信徒，對安提阿的外邦信徒說，他們要照著摩西的規矩接受割禮，才能得救。於是，「保羅、巴拿巴與他們大大地紛爭辯論」。這一次所起的衝突，便促成在耶路撒冷召開的第一次信徒會議。

接下去，保羅又遇到另一類的衝突。這次是他與同工巴拿巴發生衝突。衝突的焦點是，他們在新一次的宣教旅程中應否帶馬可同行。巴拿巴想帶馬可同行，保羅卻因為馬可在上一次旅程中，中途離他們而去，而認為不應帶馬可同行。因為這件事，「二人起了爭論，甚至彼此分開」(十五 39)。一對好同工，因為衝突，最終拆夥，各走各路。

保羅的第二次宣教旅程，來到腓立比。在那裏，他因為趕走了一個使女身上的鬼而引來了衝突。這個使女的主人本來是靠使女被鬼附而為他們「大得財利」的(十六 16)；但是，使女的鬼被趕走了，那些主人便失去了「得利的指望」(19 節)。於是，他們便捉拿保羅見官，要控告他。這便導致保羅被棍打和下監(22 ～ 24 節)。

接下去，保羅在帖撒羅尼迦傳道時，又發生了嚴重的衝突。「那不信的猶太人心裏嫉妒，招聚了些市井匪類，搭夥成羣，聳動合城的人闖進耶孫的家，要將保羅……帶到百姓那裏。」(十七 5) 由於當時那些猶太人沒有捉拿到保羅，保羅便在夜間逃往庇哩亞去了。但是，在帖撒羅尼迦的衝突亦漫延到庇哩亞，於是保羅又要從那裏逃到雅典去。

保羅第二次宣教旅程完結前，在哥林多城居住了一年半。他在這裏又一次遇見了衝突。有一班猶太人起來攻擊保羅，將他拉去見亞該亞省的總督迦流，要控告他。只是迦流沒有受理猶太人的告狀，將保羅釋放了(十八 12～16)。

聖經記載保羅的第三次宣教旅程，主要是記述他在以弗所兩年的工作。在保羅打算離開以弗所前，這裏又因保羅發生了很嚴重的衝突。事緣當地的銀匠，因為保羅的傳道而生意受損，他們便鼓動眾人去攻擊保羅。於是，「滿城都轟動起來。眾人拿住與保羅同行的馬其頓人該猶和亞里達古，齊心擁進戲園裏去」(十九 29)。這次是以弗所人與保羅衝突而發生的大型騷亂。

使徒行傳記載保羅遇上的最後一次衝突，是他第三次宣教旅程完畢後，上耶路撒冷時發生的。那時，保羅在上聖殿，有「從亞細亞來的猶太人看見保羅在殿裏，就聳動了眾人，下手拿他」(二十一 27)。從這次由衝突所引起的被捉拿事件開始，保羅便一直成了階下囚，直到使徒行傳的完結。

2. 保羅書信中所提及的衝突

A. 哥林多前書

保羅在哥林多前書提到與他有關的衝突，主要是集中在第四章。首先，保羅在這章的開始便提到，「我被你們論斷」(四 3)。保羅經歷的論斷是甚麼意思？費依(Gordon D. Fee)指出：「這個字……是指到一個『審查』的過程，經此便可以引致裁決。」[2] 保羅要表示的是一種怎樣的處境呢？費依認為，這是表示，哥林多信徒對保羅的態度，接近是一種法庭上的質問，「他們『查問』他，置他於他們的大裁審團之前」。[3] 保羅與哥林多信徒發生的衝突不算不嚴重。

到這一章的 8 節，保羅說：「你們已經飽足了！已經豐富了！不用我們，自己就作王了！我願意你們果真作王，叫我們也得與你們一同作王。」按布魯姆伯格（Craig L. Blomberg）的解釋，保羅在這裏對哥林多信徒作出了反擊。他指出，保羅在這裏「發出冷嘲熱諷的猛烈抨擊」，「保羅是要顯出哥林多信徒的傲慢自大，和自以為成熟的錯誤觀念」。[4] 於是，我們不單看見了哥林多信徒對保羅的攻擊，亦看見了保羅對他們的反擊。

保羅在同一章的 18 至 20 節中清楚指出，與他發生衝突的，其實是在哥林多信徒中的一班他稱為「自高自大」的信徒。費依由保羅在這裏提到這班「自高自大」的信徒，從而得出兩個看法：第一，「保羅遇到的麻煩是由信徒羣體本身而來的」；[5] 第二，「雖然整個信徒羣體已經受到影響……不過製造麻煩的煽動者只他們中間的一小撮人」。[6] 因此，我們可以說，保羅在哥林多教會中所遇上的衝突是十分具體的，不過與他發生衝突的對手，只是教會中的一小撮人而已。

然而，保羅並沒有馬上去回應與他發生衝突的人，他留待至第九章才作出回應。他在九章 3 節這樣說：「對於那些要對我作出審查的人〔這分詞與四 3 的「論斷」是同一個動詞〕，這就是我的答辯。」（按原文直譯）接下去，「保羅便透過連珠炮式的一大堆反問，來提出正式的辯護」。[7]

另外，保羅在六章 1 至 8 節還提到信徒之間出現的衝突。而這種衝突發展到一個嚴重的地步，衝突雙方要透過法庭來解決他們的衝突。1 節的「『彼此相爭』是一個指到法庭案件或採取法律行動的專有名詞」。[8] 而這裏出現的「審」、「審判」和「告狀」其實都是同一個動詞，帶有「以法律來解決問題」的意思。[9] 這裏的衝突雖然與保羅無關，但是，卻讓我們看出，在哥林多信徒之間存在著相當嚴峻的衝突。

B. 哥林多後書

首先，我們在一章15至18節便看見，保羅因為他的行程出現了反覆而招致哥林多信徒的攻擊。他們將保羅看成是一個忽是忽非的人。正如馬田（Ralph P. Martin）所言：「明顯地，這是暗示要指控保羅是個奸詐的人……聲稱保羅這個人的行動，是由肉體 —— 他的個人喜好 —— 所驅動的。」[10]

在六章12節，保羅指出哥林多信徒以狹窄的心待他。保羅表示，哥林多信徒已經收起了他們對他的愛心。相反，「論斷與毀謗……已充滿他們的心到一個地步，在他們的心裏已沒有空間容得下保羅了」。[11]

在十章2節，保羅提到「有人」和「這等人」，他們便是與保羅發生衝突的信徒。這些信徒一而再地以否定的態度去衡量保羅的動機，指出保羅的動機有問題。他們以保羅是憑血氣行事，「暗示保羅不是一個屬靈的人」。[12] 而保羅在這一節中，顯然是要指出有一班人在惡意詆譭他，以及哥林多信徒仍然對他存著敵意。[13] 在6節，保羅稱這些與他起衝突的人為「不順服的人」。在10節，他提到這些人對他所作的直接抨擊。

保羅在十一章2至4節提到，他為哥林多信徒起了憤恨。他並不是因哥林多信徒對他的敵意而對他們生出憤恨，他乃是對那一班與他直接衝突的人生出憤恨。為甚麼呢？因為這些所謂信徒，其實是向哥林多信徒傳了另一個耶穌，要他們接受的是另一個靈，和要他們得到另一個福音。保羅對於這一班與他衝突的信徒，一點也不讓步，以致他直認自己起了憤恨。[14] 於是，保羅在 12 節便指出，他要斷絕那些人的機會，這是表示要以「嚴厲的行動」來對待他們。[15] 在 22 至 23 節，保羅指出與他發生衝突的人，是一班猶太人；他們自稱是「基督的僕人」。這裏清楚表明，這是一班教會內的人士，按外表來看，他們與一般信徒沒有差別，但是，按信仰來看，他們根本是在傳異教，引起保羅巨大的憤恨。

保羅在十二章 15 至 21 節提到，與他衝突的人攻擊他的操守和品格。保羅在此作出了一番詳細的申論，以表明他的清白。在十三章 3 節，保羅指出哥林多信徒仍在質疑他說話的權柄。他們要保羅提出他是基督使徒的全面證據。[16] 在 10 節，保羅亦提到，他不想在見哥林多信徒的時候，要以主給他的權柄來嚴厲地對待他們。

C. 加拉太書

保羅在一章 6 至 9 節的言論，可以表明他正在與一些教會內部的人士發生了嚴重的衝突。這些與他發生衝突的人，是一羣怎樣的人呢？保羅稱這些人是「把基督的福音更改了」的人，他們是一班「攪擾」加拉太信徒的人。按朗治理迦（Richard N. Longenecker）對這段經文的解釋，「當保羅寫這封信時，這些攪擾的人仍然是在加拉太的」。[17] 馮蔭坤認為這些攪擾的人，是「鼓吹將外邦信徒猶太化的猶太基督徒」。[18]

保羅對這批衝突者所持的態度是極之嚴厲的。馮蔭坤首先指出：「保羅在此鄭重地一再宣告，這樣的人『該受咒詛』」；接下去，他又說：「它嚴肅地表明了保羅⋯⋯所採取的嚴厲態度：

『該受咒詛』——意思不是革除他的教會會籍，而是把他交付給上帝，讓他被上帝審判的烈怒毀滅。」[19]

保羅在二章4節稱這些與他衝突的人為「假弟兄」。他們在窺探他在基督耶穌裏的自由。朗治理迦將這些「假弟兄」與哥林多後書十一章26節的「假弟兄」相提並論：「他們很可能像哥林多後書十一章26節提到的『假弟兄』一樣，聲稱自己是基督真正和忠實的跟隨者，但是，他們的行動和信息卻危害了保羅的宣教工作。」[20]馮蔭坤對「假弟兄」作這樣的理釋：「自稱為基督徒，亦被人以為是基督徒，但事實上不是基督徒或其行動不能顯明他們是基督徒的人。」[21]

保羅除了提到與假弟兄衝突之外，他在二章11至14節亦提到他與彼得的衝突。這雖然只是一次個別的衝突事件，不過保羅卻在信中提到。由此可見，這次衝突對保羅來說是有很大意義的。這衝突是與「福音的真理」有關的，即是與「福音的真確性」或「在福音中或屬於福音的真理」有關的。[22]在這方面的事情上，當保羅看見彼得犯了一個會危害外邦信徒的信仰的錯誤時，他便立刻責備彼得。

另外，保羅在四章16節亦提到，加拉太信徒現在竟將保羅看成是他們的仇敵。這裏的意思是，他們「認為保羅對他們不懷好意」。[23]

保羅在五章12節表達了對那些在信仰上攪擾加拉太信徒的人極大的憤怒。馮蔭坤對「把自己割絕了」的解釋是：「保羅以諷刺的口吻表示，恨不得加拉太的那些煽動者『把自己閹割了』！」[24]而所謂「把自己閹割」，其實是「自行革除會籍」的意思，馮蔭坤指出，按申命記二十三章1節來理解，「凡被閹割者不可入耶和華的會」。[25]因此，保羅這裏的意思是：他「恨不得那些煽動者閹割自己，其實就是恨不得他們會自行與上帝的子民斷絕來往，不再攪擾他們」。[26]

D. 腓立比書

保羅在三章 2 至 3 節提到，與他衝突的是一班「犬類」、「作惡的」、「妄自行割的」和「靠著肉體」的信徒。接下去，在 18 至 19 節，保羅清楚指出，這些與他衝突的人，其實是「基督十字架的仇敵」，「他們的結局就是沉淪；他們的上帝就是自己的肚腹」；因此，我們可以說，保羅其實認為這班與他衝突的信徒是一班未真正得救的人。

三 保羅面對衝突的類別

我們上面先後從使徒行傳這個第三身的角度，和保羅書信這個第一身的角度去了解保羅所面對的衝突。我們得到一個清晰的印象，就是發生在保羅身上的衝突，其實是有很多不同類型的。因此，當我們嘗試要去處理衝突這個課題時，我們有必要先行釐清衝突的類別。我們發現，發生在保羅身上的衝突主要可以分成兩大類。第一類是與非信徒發生的衝突，第二類是與信徒發生的衝突。

1. 與非信徒發生的衝突

在保羅與非信徒發生衝突這個類別之中，我們可以再分為他與猶太人發生的衝突，以及他與外邦人發生的衝突。而這兩方面的衝突，大部分的資料來源，都是來自使徒行傳。在保羅的書信中，亦可以找到少量這方面的資料。

A. 與猶太人發生的衝突

按照使徒行傳的記載，我們看出，保羅是經常受到猶太人的攻擊和逼害的。我們若視這些為衝突的話，我們可以說，這些是發生在保羅身上的單向性衝突。即是說，這些衝突主要是猶太人加在保羅的身上，而不是保羅要與猶太人發生衝突。

我們看見，保羅在第一次宣教旅程中，不論是他在彼西底的安提阿（徒十三 45、50），或者是在以哥念（十四 2；十四章 5 節則提到有外邦人連同官長），抑或是在路司得（19 節）等地，他都受到猶太人的嚴重攻擊、逼害。這些衝突的事，甚至對保羅的生命構成了嚴重的威脅。

保羅的第二次宣教旅程，亦先後在帖撒羅尼迦（徒十七 5～9）、庇哩亞（十七 13）和哥林多（十八 12～13）等地，遭受到猶太人的逼迫。一直到他的第三次宣教旅程，保羅在希臘回程的時候，甚至知道猶太人已經預備好要害他（二十 3）。而當他回到耶路撒冷之後，便一直經歷到來自猶太人的衝突與逼害（二十一～二十四章）。

在保羅的書信中，他雖然不是那麼多提到與猶太人發生的衝突，或由他們而來的逼害；但是，他在一兩處地方，仍留下了這類衝突的一點痕迹。他在哥林多後書十一章 24 至 25 節便提到：「被猶太人鞭打五次，每次四十減去一下；被棍打了三次；被石頭打了一次」。在帖撒羅尼迦前書二章 15 節，他又提到：「這猶太人殺了主耶穌和先知，又把我們趕出去。」

B. 與外邦人發生的衝突

按使徒行傳的記載，與保羅發生衝突的，主要是非信徒的猶太人。不過，保羅亦有與外邦非信徒發生衝突。這些衝突其實也是單向性的，即外邦人加在保羅身上的衝突。其中兩次與外邦人發生的嚴重衝突，一次在腓立比（徒十六 16～24），另一次在以弗所（十九 23～41）。兩次衝突有一個共通點，就是那些外邦人因自己的利益受損而對保羅加以攻擊、傷害。

不過，這種與外邦非信徒的衝突，保羅在他的書信中幾乎是完全沒有提及的。他顯然認為，這些衝突並不涉及他在書信中與信徒們所談論的信仰核心的事情。

2. 在信徒中間所出現的衝突

A. 與信仰不同的「信徒」發生的衝突

這裏所謂信仰不同的「信徒」，乃是指到一些表面上似乎是相信耶穌的人，但是，他們的信仰卻是保羅所不能認同和接受的。至於與這些「信徒」的衝突，在使徒行傳的記載中並不清晰。我們很難確定，保羅所遇到的那幾個從猶太下來的人（徒十五 1），他們究竟是對猶太人的傳統較為認真執著的基督徒，抑或他們是持守不同信仰的「信徒」？若單單從使徒行傳的記載來看，這是不太清楚的。

但是，當我們轉到保羅所寫的書信時，卻發現保羅是相當明確地提及這一類的衝突的，而且，他似乎是要將與這些人的衝突刻意提出來，好讓信徒們對他們加倍留心。

保羅在哥林多後書，直斥這些人「為利混亂上帝的道」（林後二 17）、「另傳一個耶穌……〔使信徒〕另受一個靈……另得一個福音」（十一 4）、是「假使徒」（13 節）。保羅對這些人是極之嚴厲的，一點情面也不給他們。

保羅在加拉太書，亦是嚴厲地指斥那些與他衝突的人。他指這些人是傳給信徒一個「別的福音」(加一 6)，他們的結果是「擔當他的罪名」(五 10)。保羅對這些人極其憤恨，甚至他叫這些人「把自己割絕」(12 節)。在腓立比書，保羅亦對他的衝突對手發出了類似的嚴厲説話。他稱他們為「犬類」、為「作惡的」和「妄自行割的」(腓三 2)。不單如此，他更稱他們是「基督十字架的仇敵」(三 18)。由此可見，保羅根本不以為這些與他發生衝突的人為信徒。不過，這些人卻的確是教會中人，其他信徒亦會將他們看成是信徒。

B. 與信仰相同的信徒發生的衝突

在使徒行傳中只有一處是記載了這方面的衝突，那就是保羅與巴拿巴的衝突(徒十五 39 ~ 40)。而在書信中，保羅提到這方面的衝突卻有不少。他在加拉太書曾提到與彼得的衝突(加二 11 ~ 14)，和與加拉太信徒的衝突(四 16 ~ 20)。他在帖撒羅尼迦後書亦有提到與信徒的衝突(帖後三 10 ~ 14)。在哥林多前後書中，他提到這方面的衝突就更加普遍了。

四 保羅面對衝突的態度

當我們對發生在保羅身上的衝突加以分類之後，便會看出保羅對不同類別的衝突，是抱持不同的回應態度的。以下我們可以歸納出三組態度：

1. 與非信徒衝突的回應態度

使徒行傳對這方面的衝突有最多記載。我們可以看出，保羅在面對這些衝突時，他一般會以兩種態度來回應。第一，他是會忍讓。當保羅一次又一次受到猶太人或外邦人攻擊之後，他便逃走。他的回應是避開那些攻擊他的衝突者。在大馬士革如是（徒九25）、在耶路撒冷如是（九30）、在以哥念如是（十四6）、在以弗所亦如是（二十1）。他不會進一步激化與這些人的衝突。

不過，他除了忍讓之外，還經常表現出第二種回應態度，就是據理力爭。當保羅在腓立比被官府無理用棍打和下監之後，他不會容讓事件不了了之，相反，他會義正辭嚴地說：「我們是羅馬人，並沒有定罪，他們就在眾人面前打了我們，又把我們下在監裏，現在要私下攆我們出去嗎？這是不行的。」（徒十六37）當保羅在耶路撒冷被猶太人捉拿時，他亦是據理力爭。他爭取發言的機會，並對這些衝突者說：「諸位父兄請聽，我現在對你們分訴。」（二十二1）。

2. 與不同信仰之「信徒」衝突的回應態度

保羅面對這些衝突者，幾乎只有一種態度，就是絕不退讓。他會以極嚴厲的措辭去駁斥這些衝突者，指出他們的錯謬，點出他們背後的不良動機等等。他對這些衝突者，總不會留半點情面。這方面的資料，廣泛地散佈在保羅的書信之中，其中最明顯的是哥林多後書、加拉太書和腓立比書。

3. 與信徒衝突的回應態度

當保羅與信徒發生衝突時，他會以下列兩種態度來面對：第一，他不會迴避與信徒發生衝突的事實。使徒行傳十五章39至40節雖然是一段很簡短的敘述，但是，我們已經可以看出，保羅是坦然接受他與巴拿巴發生衝突的事實，沒有迴避。若果使徒行傳的作者，是基於保羅提供的資料來記述這次衝突事件的話，那就更加顯出保羅對他與信徒間出現的衝突，是一點也不作迴避的。除此之外，保羅在書信中亦顯出他對這類衝突不作迴避的態度。他多次坦然提到哥林多信徒因為對他產生誤會而引發衝突（哥林多後書一章15至18指他忽是忽非；十章2節指他憑血氣行事；十章9至10節則指他的信是一種威嚇），他甚至提到，加拉太信徒因為被唆擺而將他看成是仇敵（加四16～20）。由此我們可以看出，保羅並不以為在信徒之間是不容許衝突發生的。

第二，當衝突發生之後，他不會記恨對方，反而是會去修補關係。我們看見保羅在哥林多前書九章6節，提到巴拿巴的方式，這顯示他與巴拿巴在使徒行傳十五章所發生的衝突，已成過去。另外，他在提摩太後書四章11節，提到「要把馬可帶來」，這亦表明他從前對馬可的不滿已成過去（徒十五38）。

第三，他會盡力去了解對方，同時亦會盡力去解釋自己的看法。保羅明顯曾經與哥林多教會和加拉太教會的信徒發生過嚴重的衝突。他並沒有由得衝突發生便算，他是會認真處理的。我們在哥林多前後書和加拉太書中，便可以看出保羅為了修補關係，他是何等努力去了解對方，同時又是何等努力去解釋自己的看法。他的目的只有一個，就是透過增進相互了解，試圖化解彼此的衝突。

註釋：

1. 以下只會簡單論述經文的意思。讀者若要對這些經文作更深入的探討，可以參考 Luke Timothy Johnson, *The Acts of the Apostles*, SP (Collegeville,

MN: Liturgical Press, 1992) 和 Ben Witherington III, *The Acts of the Apostles: A Socio-Rhetorical Commentary* (Grand Rapids, MI: Eerdmans / Carlisle: Paternoster, 1998)。

2. Gordon D. Fee, *The First Epistle to the Corinthians*, NICNT (Grand Rapids, MI: Eerdmans, 1987), 160～161.
3. Fee, *The First Epistle to the Corinthians*, NICNT, 161.
4. 克雷格・布魯姆伯格（Craig L. Blomberg）：《哥林多前書》，尹妙珍譯（香港：國際聖經協會，2002），94；另參 Ben Witherington III, *Conflict & Community in Corinth: A Socio-Rhetorical Commentary on 1 and 2 Corinthians* (Grand Rapids, MI: Eerdmans / Carlisle: Paternoster, 1995), 141～142。
5. Fee, *The First Epistle to the Corinthians*, NICNT, 189～190.
6. Fee, *The First Epistle to the Corinthians*, NICNT, 190.
7. 布魯姆伯格：《哥林多前書》，185。
8. Fee, *The First Epistle to the Corinthians*, NICNT, 231.
9. 參 Fee, *The First Epistle to the Corinthians*, NICNT, 231。
10. Ralph Martin, *2 Corinthians*, WBC (Waco, TX: Word Books, 1986), 26.
11. Martin, *2 Corinthians*, WBC, 186.
12. Martin, *2 Corinthians*, WBC, 304.
13. 參 Martin, *2 Corinthians*, WBC, 303～304。
14. 對於誰是這班與保羅衝突的信徒，參 Martin, *2 Corinthians*, WBC, 336～341 詳細的闡釋。
15. Martin, *2 Corinthians*, WBC, 348.
16. 參 Martin, *2 Corinthians*, WBC, 455。
17. Richard N. Longenecker, *Galatians*, WBC (Waco, TX: Word Books, 1990), 16.
18. 馮蔭坤：《真理與自由——加拉太書註釋》（香港：證主，1982），頁 22。
19. 馮蔭坤：《真理與自由》，頁 23～24。
20. Longenecker, *Galatians*, WBC, 50.
21. 馮蔭坤：《真理與自由》，頁 106。
22. 參 Longenecker, *Galatians*, WBC, 77。
23. 馮蔭坤：《真理與自由》，頁 266。
24. 馮蔭坤：《真理與自由》，頁 314。
25. 馮蔭坤：《真理與自由》，頁 315。
26. 馮蔭坤：《真理與自由》，頁 315～316。

7

在一個對基督信仰不友善的世界中的基督徒取態：彼得前書的觀點

褚永華

一 引言

在新約正典的經文中，屬於普通書信類的彼得前書，曾被學者譏喻為新約釋經學的繼子繼女，[1]笑稱其被新約學者所忽略、不受重視。直到三十年前，情況才大幅改變，學術論文和頗具創新意義的釋經書，不斷地出版，帶動整個學術界對彼得前書的各類題材，都有許多深入和具創意的研究；[2]由彼得前書的作者到成書年代和出處、歷史背景、收信者身分、書信的合一性、文學結構、引用舊約經文的手法和用意、神學、社會，政治等題材，都有頗廣泛的涉及。

自從艾理略（John. H. Elliott）在一九八一年以社會性的釋經法（sociological exegesis），寫了一本有關彼得前書的專著後，[3]新約學者對彼得前書中的各樣題材，都有趨之若鶩之勢，尤其在社會性的釋經法的影響下，許多經文的意義都添加了一層新衣，這層新衣在神學性的解讀下，更如點綴了粒粒閃亮耀眼鑽石的華服，令讀者目不暇給，讀起來更令人對經文有一種簇新的感受。

正因為社會科學評鑑法對經文的解讀有新的貢獻，本文嘗試從彼得前書讀者羣所處的情況，探討讀者與當時文化，特別是與宗教、經濟、政治等接觸而生的潛在磨擦，從而解讀衝突與平安在彼得前書中的呈現。

二 從艾理略對「無家者的家」的解釋說起

艾理略以傳統的歷史評鑑法加上社會學的方法解讀彼得前書，成果斐然，在新約研究的學術圈子中，好評不斷。全書的論點環繞著 παροικοι（旅客）和 οἴκου τοῦ θεου（上帝的家）這兩個希臘字，以及其組成的字羣（word field）作研究的基礎，並研究這些字羣所引帶出來的社會現實是甚麼？有何意義？這些資料對彼得全書的分析，特別是對社會及宗教方面的分析有何提示？為甚麼這兩個字及其組成的字羣，對研究彼得前書如此重要呢？原因皆在於彼得前書的作者，是用這些字羣來形容那些原讀者的社會身分。[4] 本文的要旨並不在於對這些字羣作深入的分析和研究，相反，本文只在於藉著了解原讀者的社會身分，從而得以了解他們在所處的地理環境、社會處境、社羣境遇中，與他人相處之經驗，特別是從社會、宗教、經濟、政治等各方而來的張力，作為解讀彼得前書信息的導向。[5]

縱觀全書，可知彼得前書是使徒彼得所寫的信（一 1），由西拉（五 12）送往散居小亞細亞的幾個省內的寄居者（一 1），因為他們正面臨各樣患難、敵對、衝突、信仰磨煉的處境（一

6，二 12、19 ～ 20，三 14 ～ 16，四 1、4、12 ～ 16、19，五 9），信中包括了彼得的勸勉和教導之言（五 12），並帶有身處巴比倫（暗指羅馬）的信徒們的問安和祝福（五 13）。

1. 經文資料[6]

> 耶穌基督的使徒彼得寫信給那些被揀選，分散在本都、加拉太、加帕多家、亞細亞、庇推尼寄居的人（παρεπιδήμοις），就是照父上帝的預知，藉著聖靈得以成聖，以致順服耶穌基督，又蒙他血所灑的人。願恩惠、平安多多地賜給你們！（彼前一 1 ～ 2）

> 親愛的，你們是旅客（παροίκους），是寄居的（παρεπιδήμους），我勸你們要禁戒肉體的情慾；這情慾是與靈魂爭戰的。（彼前二 11）

> 因為時候到了，審判要從上帝的家（τοῦ οἴκου τοῦ θεοῦ）開始；若是先從我們開始，那麼，不信從上帝福音的人將有何等的結局呢？（彼前四 17）

這三段經文用旅客、寄居者和上帝的家來稱呼這個讀者羣，到底這些詞對他們而言，有甚麼特別意義呢？從傳統的歷史評鑑法的角度來看，那些分散的寄居者（exiles of the Dispersion）是指猶太人，特別是指那些居住在巴勒斯坦以外的猶太人（雅一 1）。其實，分散的寄居者一詞，在《七十士譯本》（Septuagint, LXX）中可指在迦南地寄居的亞伯拉罕（創二十三 4，二十六 3）；在埃及寄居的以色列人；被擄和寄居於巴比倫的猶太人(《以斯得拉一書》〔1 Esdras〕五章7節);回歸埃及寄居的猶太人(《馬加比三書》〔3 Maccabees〕七章19節)。從文字的記述來看,猶太人就如一個無根的人,沒有自己的國家,住在一塊不屬於自己的土地上,作一個寄居者。

自從公元前五八六年猶大亡於巴比倫,百姓也被擄於異邦,基本上,從那時開始,「分散」的歷史實況便出現了。因此,所有在巴勒斯坦以外居住的猶太人,都是散居外地的異鄉人,因為這些人是被逼離開了耶路撒冷這真正的家。但所有的猶太人都有一個盼望,就是有一天他們會歸回故里,分散的會被聚合為一(申三十4;詩一四七2;賽四十九6)。但是,當公元七十年羅馬人攻陷耶路撒冷後,所有分散各地的猶太人頓失支柱,甚至連當時居住在巴勒斯坦的猶太人,也被眾多的異族人團團圍住,身雖在故土,但感受和那些分散到各地的猶太異鄉人無異。

亡國導致百姓分散世界各地,正如耶利米哀歌所表達的:「猶大被擄,遭遇苦難,多服勞役。她住在列國中,得不著安息;追逼她的在狹窄之地追上她。」(哀一3)分散而居住到列國之中的事實,[7] 對猶大人的生活和心理都有極深遠的影響。試想一下,長期地與外族人比鄰而居,對猶太人的民族性和文化身分有多大影響!為了保存這些民族、宗教和文化獨特性,就如嚴謹的安息日和食物的規例等,促使散居的猶太人傾向於聚居一起,這舉措當然一方面吸引異族人歸信猶太教,但另一方面卻種下後來反猶主義(anti-Semitism)的種子。[8]

2. 希羅世界中的寄居者

根據字典的解釋,πάροικος(旅客)在希羅世界中的描述是頗為一致的，他們是一羣住在鄰人附近的人，或可被稱為鄰舍，或寄居於他人房子中的人；概括地說，πάροικος 就是指外地人、異族人（alien）、陌生人（stranger）。[9] 按此看法，艾理略將 πάροικος 演譯為「陌生人、外族人、異族人、沒有家的人，在語言、風俗、文化、政治、經濟、宗教信仰等各方面，與所居地的本地人沒有連繫」。[10] 可以說就是一個無根的異鄉人。

其實 πάροικος 也是一個專門名詞，在政治和法律方面用來描述一個合法居留的外族人（resident alien）的，所謂"resident alien"，是指那些居住在外地，但卻沒有該地人民所享有的一切權利的人。[11] 對 πάροικος（寄居者）的社會和政治的描述，不單在《七十士譯本》的舊約經文中出現，更在希羅文學、碑文中有廣泛的記載。這些合法寄居者的身分在公民之下，但卻在外族人和奴隸之上，他們有的是佃農、商人、工匠和教師，他們或許有安定的生活，但因缺乏當地的連繫、政治忠誠等因素，故經常被懷疑和不被信任。在每個帝國內的城市中，對每個居住其中的居民都有一些基本要求，就如服軍役、納稅，並參與城市中正常的宗教活動等，但猶太人卻經常性地未能達到期望。[12]

對猶太人來說，從軍幾乎是絕不可能的事，因為此舉不單破壞了安息日的律例、飲食守則，更要參與外邦的宗教禮儀。猶太人不可能與那些在帝國內在政治上效忠的人一樣地參拜皇帝的像，更不能參與公開的節慶活動，因這些活動要求參與者食用預先祭了異教神祇的肉。為了避免不必要的麻煩，有時猶太人會向羅馬官員要求豁免。但這些缺席參與，卻引起了人對他們的懷疑和不被信任的情緒，加深當地民眾對他們的敵視態度。這種敵視的態度，在在衝擊他們的宗教信仰、經濟、法律等方面應享有的權利。傑佛斯（James S. Jeffers）表示：「整體來說，羅馬的精英分子，都極不尊重猶太人和任何異族人士，西塞羅（Cicero）稱猶太信仰為野蠻的迷信，其信眾則被稱為暴民；朱雲奴（Juvenal）則形容猶太人為乞丐、無固定住所的占卜人，更狂言安息日的安息是他們懶惰的明證。」[13]

若猶太人的亡國，導致百姓家破人亡，親人流散四方，不能再擁有應許之地；同時，生活在一個與政治、社會、宗教完全疏離失衡的狀態之中的以色列，這確是對他們一個極大的信仰磨練。這些合法居留的寄居者（resident alien），遠離了自己的家鄉，居住於異域，特別感受到 πάροικος 在政治、法律、社會限制等方面的不公待遇。有些僥倖沒有流徙四方而仍可留在本土生活的人，最痛苦的，莫過於要在自己的國土上受異族的統治和管理，更要在自己曾經擁有的土地上，失去國家，失去國民身分，只能以寄居者或合法的居留者身分，沒有尊嚴地活在自己的土地上。再者，這一切的苦難都在磨練他們對上帝的信仰，這些磨練衍生了不同的結局：有人未能通過考驗而放棄上帝，有人則通過考驗而堅定相信上帝。[14] 換一個角度來看，有些異鄉人完全和當地人同化，放棄自己的傳統而全盤接納異地的文化；有一些人則退縮入自我的封閉之中，在固有傳統內，持續強烈地保守僵化；更有一些人選擇與當下情況作出不同程度的妥協而生活。[15]

> 既然你們稱那不偏待人、按各人行為審判人的主為父，
> 就當存敬畏的心，度你們在世寄居的日子。（彼前一17）

在這段經文的上下文中可見，彼得吩咐收信者，要好好把握機遇，在作為寄居者的有限旅程中，放棄以前的無知和虛妄

（一 14、18），過一個敬虔的生活，完全順服上帝。在當下的社會現實中，即在一切已有的限制和衝擊中，把握他們以寄居者身分，顯示聖潔，忠於上帝，令人驚歎。另一段經文：

> 親愛的，你們是旅客，是寄居的，我勸你們要禁戒肉體的情慾；這情慾是與靈魂爭戰的。（彼前二 11）

相對於那些享有一切權利的公民，這些收信者只是陌生人，合法居留的異族人。彼得囑咐他們趁著良機，建立他們獨具特色的宗教身分，向他們的鄰舍顯示他們是蒙上帝揀選的聖潔子民（二 4～10），並吩咐他們凸顯出信仰令人訝異之處。前引的經文是反面的警告，而二章 12 節則是正面鼓勵：「你們在外邦人中要品行端正，好讓那些人，雖然毀謗你們是作惡的，會因看見你們的好行為而在鑒察的日子歸榮耀給上帝。」

在一章 17 節和二章 11 節兩段經文中，收信者都被稱為 παροικοι，彼得是刻意要他們凸顯出異鄉寄居者的身分，並以此身分表示出他們信仰的獨特之處。兩處經文中，寄居者皆處於不友善的社會處境中，寄居者被囑咐不應以環境之惡劣而妥協之；相反，在不盡如意的惡劣境遇中，寄居者應以順服上帝的旨意，作生命之神聖召命。

3. 寄居者和異鄉人

打從亞伯拉罕被上帝呼召，離開迦勒底的吾珥，往一個未知之地進發的那刻開始，他便注定要過著一個流離遷徙、居無定所的異鄉人的生活，基至連妻子死的時候，也沒有一塊屬於自己的土地，可讓死者入土為安，亞伯拉罕要向以弗崙買地安葬撒拉（創二十三1～16）。希伯來書的作者對亞伯罕在應許之地的舉措，作了一個神學的演繹：「因著信，亞伯拉罕蒙召的時候就遵命出去，往將來要承受為基業的地方去；他出去的時候還不知往哪裏去。因著信，他就在所應許之地作客，好像在異鄉，居住在帳棚裏……」（來十一8～9）正如早年在教會中有一首非常受歡迎的歌，歌詞的首兩句「這世界非我家，我無固定住處」，也成為無數青年基督徒屬靈的追求，在這個世界中以異鄉人的屬靈身分自居，以盼望天上永恆的家為榮。

耶穌在約翰福音中向眾門徒宣告一個屬靈的真理，也是一個公開的祕密。其實，在約翰福音一開始時，作者便開宗明義地表示，那本為真光的耶穌並不受世人所歡迎，跟隨真光者的生命，也是預計中般命途多舛，「那光是真光，來到世上，照亮所有的人。他在世界，世界是藉著他造的，世界卻不認識他。他來到自己的地方，自己的人並不接納他」（約一9～11）。耶穌在約翰福音即將完結時，將這公開的祕密作一個神學性的註釋，將自己與世界、世界與信徒的關係開展到另一個層次：信徒居住在世界中，卻不屬這個世界，是入世卻出世的人生取態，並將自己與信徒的生命連結一起，「世界恨你們的時候，你們要知道，世界恨你們以前已經恨我了。如果你們屬世界，世界會愛屬自己的；只因為你們不屬世界，而是我從世界中揀選了你們，所以世界恨你們」（約十五18～19；《新漢語譯本》）。

上面的記述，說明了信徒對現世生活的取態，以寄居者和客旅自居，以效法基督為樂，並以天上永恆的家鄉為終極盼望，這種解釋傳統歷史悠久，影響深遠。

在新約導論的研讀中，經常要長篇大論地解說歷史性問題，對彼得前書這卷問題多多的小書，學者提出的問題著實不少，如作者、成書年代，其與福音書、羅馬書、雅各書的關係，如何引用舊約等等。這些問題固然重要，值得學者們研究，但對本文主要的關注，上述的問題只可以被理解為邊緣性的。

上文用了較長的篇幅來討論 πάροικοι（寄居者）的字義問題，並沿用艾理略對寄居者的社會性解釋，並以此身分應用於彼得前書的原讀者身上，即 πάροικοι 是指現實中的一班讀者羣，而非隱喻性地指一些信徒，以世界的陌生人自居，過著一個漠視現實生活，只盼望天上永恆家鄉的寄居者。

在彼得前書解釋寄居者和異鄉人的立場中，學者們有兩個取向：若不是贊成寄居者是隱喻式的説法，便是認同寄居者是指現實處境中的一羣信徒。這兩個解釋的取向有相當長遠的歷史，在贊成或反對的壁壘中，各有重量級的學者，各以嚴謹的學術研究來支持本身的立場或反對不同的意見。[16]

亞德邁耶（Paul J. Achtemeier）等人（格林〔Joel B. Green〕、湯瑪因〔Marianne Meye Thompson〕）雖不贊成艾理略對讀者羣所作的社會性解釋，[17] 但對於這些異鄉人因著相信耶穌基督而帶來信仰生活上的改變，因而遭受鄙視，他們所作的分析卻是正確的，值得在此詳細地徵引，亞德邁耶等人在問：那班寄居者到底是誰呢？

> 他們是一羣委身基督耶穌主權的人，他們因著其改變的態度和行為，使得他們處於社會的邊緣。他們都是社會排斥下的受害者，他們因著與基督的關係，換來了中傷、仇恨、批評、蔑視、誹謗、侮辱。在一般的世界來説，地位的獲得是透過與沉默的大多數認同，一切視為理所當然；不妥協及任何在社會上特殊的，都被視為負

> 面……讀者改換了的忠誠，並轉化了的行為，使他們從羅馬社會分別開來。他們以前都是跟隨希羅社會的主流，如今他們沒有與主流社會價值融合，益顯他們與社會格格不入，遭受鄙視。彼得前書正是寫給在這種環境下的基督徒——並非要解開上帝子民受苦的懸謎，乃是在一個與他們的忠誠、態度、行動相違背的社會下，怎樣與上帝的計劃配合。[18]

其實，寄居者應作隱喻性的，或指在一個歷史時空中的實體來解釋，或者兩者皆可，都無關宏旨，因為對彼得前書整體的解釋，基本上可獨立於這個問題的答案之外。因為早期基督徒在小亞細亞及地中海地區的福音活動頻繁，福音傳播可能由一些寄居外地的猶太基督徒參與，或由一些已信主的外邦信徒參與，前者可說是實實在在的異鄉人，而後者卻是隱喻性的寄居者。

4. 小結

在彼得前書中，作者寫信給一羣散居在小亞細亞地區，包括本都、加拉太、加帕多家、亞細亞、庇推尼等幾個省份內寄居的信徒。作者囑咐他們，雖身處惡劣環境，但在生活上絕不能苟且放縱，還應在不友善的社會處境中，向上帝忠誠到底。這種向上帝忠誠，過著聖潔和高度與社會有所分離/分別的生活，卻使他們被鄙視，且與本地居民發生磨擦和衝突，故此在政治、法律、宗教等方面，都得不到公平的待遇和應有的權利。

三 散居各處的基督徒的歷史情況

最早期相信並跟隨耶穌的人，還沒有特別的統稱，福音書只稱呼他們為門徒，這些門徒是學生，跟在耶穌身後，好像猶太拉比的門徒學生一般。後來他們被稱為信從這道的人（徒六7），最後才被稱為基督徒（十一26）。雖然身分可以很快被確立，但有這身分的人的命運，卻與所信的基督結連一起，逼迫不斷，苦難重重。

從四本福音書的記述中都可清晰地看見，耶穌受百姓歡迎擁戴，也受法利賽人的批評，磨擦和衝突時而有之（太二十三13～36）。研讀福音書的人都會觀察到一個現象，跟隨耶穌的人大多命途多舛：作耶穌先鋒的施洗約翰，因直言責備希律娶希羅底，最終被希律斬頭以致身首二處而死（太十四1～12；可六14～29；路九7～9）；耶穌雖受百姓歡迎，但最終竟然不敵殺人越貨的大盜巴拉巴（太二十七11～26），被釘於十字架。門徒的命運也和施洗約翰及耶穌的相似，他們也被逼迫及殺害，希伯來書對歷代被逼迫的信徒的形容最是貼切：「……又有人忍受嚴刑，拒絕被釋放，為要得著更美好的復活。又有人忍受戲弄、鞭打、捆鎖、監禁、各等的磨煉；他們被石頭打死，被鋸鋸死，被刀殺，披著綿羊山羊的皮各處奔跑，受貧窮、患難、虐待。這世界配不上他們，他們在曠野、山嶺、山洞、地穴，飄流無定。」（來十一35～38）

當耶穌和門徒在巴勒斯坦傳揚上帝國的福音時，聽從及相信他們的，絕大部分是猶太人，這些相信耶穌是彌賽亞的猶太基督徒，和那些只相信耶和華為獨一的真神，而拒絕認耶穌為彌賽亞、為上帝之子的傳統猶太人，兩者間的衝突一定在所難免，只是遲早而已。但是在早期階段，這些人仍然在會堂中聚會，雖有張力，但仍未到一發不可收拾的地步，倒也相安無事。

我們可在馬太福音的記述中，隱隱地感受到逐漸升温的張力，馬太稱信徒共同聚會的會堂為「他們的會堂」（太四23，九35，十17，十二9，十三54，二十三34），[19] 這樣的稱呼表明教會與會堂之間的張力，溫度日升，再加上其他因素，教會與會堂分道揚鑣，可謂指日可待。[20]

教會與會堂間的張力升溫至白熱化的關頭，最明顯的，是呈現在約翰福音中耶穌在安息日醫治一個生來瞎眼的人的記述。當法利賽人向被治好的瞎子追問經過，又求證於他的父母，父母親卻因為怕被趕出會堂而噤若寒蟬：「『……至於他現在怎麼能看見，我們卻不知道；是誰開了他的眼睛，我們也不知道。他已經是成人，你們問他吧，他自己會說。』他父母說這話，是怕猶太領袖，因為猶太領袖已經商定，若有宣認耶穌是基督的，要把他趕出會堂。」（約九21～23）

這種因信仰差異而產生關係上的磨擦，從保羅將福音傳揚到巴勒斯坦以外的地方後，情況日益嚴重，由個人層面延伸至社區、宗教、經濟、政治等領域之中。[21] 但這些衝突是否只屬於小範圍內零星進行的行動？或這些衝突是在帝國內、大規模的政治或宗教政策所使然？這些都是一定要深入研究才能解決的問題。但專門研究羅馬歷史的學者，對帝國向教會所訂的政治逼害政策，或因宗教而引起的逼害等說法，都極為審慎。[22]

賴斯（Hugh Last）的研究指出，自從尼祿（Nero）去世，其兇殘的手法也慢慢消逝，皮里紐（Pliny）在庇推尼的管治行動開始，一切情況已大有轉變。在革老丟（Claudius）當政年間，沒有證據可以顯示基督徒是恆常、習慣性地被攻擊的。[23] 在該文總結時，賴斯強調：「將帝國和教會之間的往來處事，經過仔細研究之後，宗教逼害必須要和犯法後應得的處罰，分別開來；除非逼害者的動機被仔細分析了解，不然，逼害本身根本無法可清楚地被解釋；至於逼害者的動機，從受害者及其同情者而來的證據，應被視為次要的……」[24] 這些研究主要是為政策性逼害的資料，劃下嚴格方法論的規範，並說明由帝國發動大規模的政策性逼害，從羅馬的歷史和宗教政策立場而言，是不太具說服力的。

那麼，彼得前書中的逼害的情況又如何釐清呢？

四 從皮里紐與他雅努的書函說起

許多新約學者，在討論彼得前書的收信人的歷史背景時，都會提出皮里紐與他雅努的書函。因為書函的寫作年代頗為肯定（約公元 112 年），故此，這對於書信的作者年代的研究，有所幫助。再者，書函內對基督徒信仰生活、所犯事例的陳述，及他雅努（Trajan）的回覆等資料，對基督教的法定身分的確立，有莫大的幫助。因為信件的重要性，便將之全部徵引於下，以便討論。

> 陛下，按照慣例（我一向緊守此規例），凡我有所疑惑的事項，必須向陛下請示。因為除了陛下之外，有誰更有資格指引我的方向、點出我的無知呢？我因從來沒有出席過任何指控基督徒的聆訊，對審訊的方法和用刑的尺度，實在不知如何掌握。究竟我應否因他們年齡的不同，而在裁決和量刑上也有別呢？還是無論成年人、

未成年人，一律一視同仁呢？如果他們當中有人願意悔改，我應否赦免他們呢？還是說，一個人一旦做了基督徒，就不再給予他宣佈放棄信仰的機會呢？我們懲罰他們，究竟是單單基於他們對基督教信仰的宣稱，而不管他們有沒有做過違法的事呢，還是要看他們到底因為信仰而犯下甚麼實際罪行呢？我對這一切要點，都感到極為困惑。

目前，對於那些被人告發為基督徒的人，我所用的審訊方法是這樣的：我會先問他們是不是基督徒；如果他們承認「是」的話，我會再把問題重複兩遍，同時以死刑來威嚇他們。如果他們仍然堅持的話，我便下令把他們處決了，因為無論他們教義的本質是甚麼，我至少可以肯定，藐視法庭和頑固不化的人，是應當接受懲治的。他們當中另外有一些人也受了同樣的迷惑，但他們是羅馬公民。對於這些人，我就命人把他們帶往那裏。

這些指控，跟別的案件一樣，有只限於所調查之案件本身的，也有涉及其他多類型罪行的。我在法庭外放置了一塊告示牌，叫人毋須簽名就可以點名指控一大批的人。對於那些被指控卻又否認他們是基督徒、或曾經作過基督徒的人，我會要他們念一份向眾神明所發的誓言，我讀一句，要他們跟著念一句；又要他們用酒和乳香向陛下您的像下拜，這像和其他神像是我命人抬到庭上，專門用作審理這類案件用的；最後我還要他們詛咒基督。據聞，一個真正的基督徒是絕對不會因受到威嚇而去行這些事的。待他們作過這一切事情之後，我覺得放了他們已經是合宜的事了。至於其餘被指是基督徒的人，有先是承認，然後又否認的，他們承認的確曾經受過別人的游說，但其後他們已經放棄了那種信仰。有的放棄了三年，有的更久，有一小部分甚至長達二十五年。他們全都肯向陛下您和眾神明的像下拜，並都咒詛了基督。

不過，他們承認，他們整個過犯或過錯，都是因為他們有定時聚會的習慣。聚會往往是在某個指定日子的天亮之前。他們會在聚會中輪唱一首讚美基督的詩歌，好像唱給一位神聽那樣，並且發下重誓，一生不幹任何壞事、不欺詐人、不偷盜、不姦淫、不說謊言、不會在受託管之物件到期時拒絕交還。之後，他們便會按習慣各自分開，然後又再聚集，一起吃飯——是普通人日常吃的那種飯。不過，即使這一習慣，在我頒佈過法令之後，他們也棄絕不行了。我這道法令，是根據陛下您的吩咐而下的，為禁止任何政治集會。我認為有必要查出事實，於是用刑強迫兩個被稱為女執事的女奴隸供出真相，但我所查到的，莫過於一些墮落的、極度狂熱的迷信罷了。

所以，我暫停了一切審訊，立即向陛下請示。因為，我覺得這事非常值得向陛下您請示，尤其因為此事所涉及的人，為數不少。被指控的人分別來自各個階層、不同年紀，有老有少、有男也有女，而且人數在不斷增加，因為這種感染力極大的迷信思想，不僅限於城市當中，更蔓延至鄉鎮和郊外地區。但是，要阻止和治好這種迷信，看來是不大可能的。起碼，我可以肯定地說，那些早已被人荒廢了的神廟，現在已經興盛起來；還有那些神聖節期，長久以來對祭牲的需求都甚大，但在過去一段時間內買肉的人稀少，現在情況已有改善。有鑑於此，我們不難想像，只要大開悔改之門，必可使多人改正過來。

《書信集》10.96 [25]

我親愛的皮里紐，你所用以分辨那些被指為基督徒之人的問案方式，極為合適。要為這類案件定下一條通用的法則，以致可以一成不變地使用，是不可能的。對於這等人，你不必主動去搜捕他們。當他們被告發、且被定為有罪後，就應當懲治他們。當然，以下情形除外：如果被告人否認他是基督徒，且能夠提出他不是基督徒的證據（即他願意向我們的神下拜），縱使他之前涉嫌有過這種信仰，仍然可以因他的悔改行為而獲赦罪。然而，若告發者不願透露姓名，其提供的資料就不符用作指控任何人的證據，因為這將建立一種非常危險的先例，且有違這個時代的精神。

《書信集》10.97 [26]

1. 皮里紐其人

庇推尼—本都（Bithynia-Pontus）是在黑海南岸的省份，在過去一段時間內，都有頗嚴重的經濟和行政上的困難。問題的成因是多方面的，但其中一個主因是被派往管治此地的官員，大都只著眼在任期內，不斷以各種方法在經濟上來肥己，根本無心管理政事，以致政務荒廢。尤有甚者，被選出任各城市的議會成員，也都辦事不力，行政錯漏百出，貪污腐敗；造價高昂的政府公共大樓，也因不同原因而爛尾荒廢；不誠實的承建商、不稱職的建築師等等因素，導致一些城市面臨破產，使政治及經濟不穩定的潛在風險增加，即管這是個頗富庶的地區，危機也在所難免。[27]

皮里紐就在這種情況下，被帝國的君主他雅努派往庇推尼—本都，要解決這個省中的危機。皮里紐是一個皇帝特派往該區的總督，直接向皇帝負責。他是一個在法律及經濟方面都很有經驗的官員，但最重要的是：他是一個誠實的人。[28] 更加難能可貴的是，他有一股道德勇氣，亦擁有解決複雜的行政困難的喜好。他雖然在羅馬擔任過重要行政職位，但卻從沒有作過省的最高層領導，故此他很不願意作個人決定。法蘭（William Frend）曾如此觀察：「他（皮里紐）將那麼多行政上的瑣碎事項，全都交還上級處理，從這現象推斷，該省在那幾個年頭中，除了基督徒所引起的困難外，其他事務方面，也確實困難重重。」[29]

當他到任時，顯然情況惡劣，李衛（Barbara Levick）推論，這些困難可能在皮里紐到任前已經存在，且不單在庇推尼—本都，甚至在整個帝國東部地區，都廣泛存在。[30] 若城市管理失誤，那麼帝國就會從根本上腐敗而趨於敗亡。庇推尼—本都的腐敗，也不外乎行政上的失誤，有法不依，經濟貪污，揮霍不斷，城邦間的互較高下，爭競撕殺連連，再加上外敵入侵，疾病感染，通脹高升，民不聊生。原來彼得前書中所呈現基督信仰的衝突的背景，是在如此複雜的政治、經濟、社會、文化等因素中，互相糾纏、失衡而致。這個強勢總督在如此複雜的情況下，在他第二任任期即將結束時，竟在任內離世（公元 113 年）。

2. 彼得前書中所反映的衝擊與皮里紐的書信錄

彼得前書中信徒所經歷的困難，縱然是由推論而得，但與皮里紐書信錄中所陳述的情況，頗有相合之處，只不過在年代上有點困難。如果書信錄中所提及處理信徒的方法和程序，在書信錄成書寄發他雅努的公元一一二年之前已經存在的話，那麼，彼得前書中所提及的信徒所經歷的難處，也就有點立論基礎了。

書信錄中有些用詞，使我們想起彼得前書中的情況，現將之臚列如下：

1. 在審訊中，皮里紐對那些被控訴是「基督徒」的，按法律程序進行，若這些人完全拒絕妥協，且堅持信仰的話，便將這些信徒處以死刑。這些信徒之被控訴、被定罪、被處決，都全因為他們的信仰。他們受刑罰，不是因為犯了法律，而純粹因為信仰。

> 你們中間，不可有人因為殺人、偷竊、作惡、好管閒事而受苦。若有人因是基督徒而受苦，不要引以為恥，倒要因這名而歸榮耀給上帝。（四 15～16）

2. 皮里紐在信中提及，基督徒被提控，是因為有人告密之故。

> 你們在外邦人中要品行端正，好讓那些人，雖然毀謗你們是作惡的，會因看見你們的好行為而在鑒察的日子歸榮耀給上帝。（二 12）

> 要存無虧的良心，使你們在何事上被毀謗，就在何事上使那些凌辱你們在基督裏有好品行的人自覺羞愧。（三 16）

在這些事上，他們見你們不與他們同奔放蕩無度的路就以為怪，毀謗你們。（四 4）

在書信錄也提及，具名的告密信函可予受理，但不具名的告密函件則不受理，後者或可被理解為惡意中傷的行徑。

3.「有人問你們心中盼望的理由，要隨時準備答覆（ἀπολογία）」（三 15）「答覆」是一個法律用語，是在法庭上為自己的清白申辯。

這些經文確與書信錄中的情景相若，但信徒所受的逼害，是全由政府策動？是民間零星不滿情緒的表達？又或是官民互動的後果？學者意見不一，但藍賽（William M. Ramsay）主張的官民互動的意見較為中肯可取。[31] 他認為：「彼得前書是很清楚地表達了羅馬政府對基督徒採取官方行動的情況，我們可以這樣推想：官方採取對基督徒的行動，因而產生各種不安和恐懼，公眾的負面意見及公開鄙視而生的壓力，在審訊過程中，旁觀者公開表達不同意見的喧嚷，從社會逼害而來的壓力，與法庭審判而來的壓力，同時不斷增強。這些情況只有在教唆或頒下最後裁決時，或許才可得到平息。」[32]

由彼得前書經文所呈現的現象及所散發出來的氣息，信徒確在被逼害之中。對我們來說，逼害是從何方而來，並不是最重要。最要緊的是作者勸當時的信徒，如何面對從各方而來的逼害。信徒在一個對信仰完全不友善的世界中，應如何生活下去呢？

五 沃弗的軟「迴異」[33]

沃弗（Miraslav Volf）在一篇討論彼得前書的專文中，開宗明義地表明，若彼得前書中稱基督徒為寄居者和客旅，那麼，「毫無疑問的，這些身分便明顯標示著與社會、價值觀、理想、風俗習慣、政治等方面的距離」。[34] 沃弗強調一個人悔改後，在思想上、生活上、身分上，與以前未悔改的他或與鄰舍等，有天與地之間的巨大差異，因而產生與所屬世界舊文化之間的距離。這新的身分所引致的距離，成為基督徒被鄙視的原因。[35] 寄居者因悔改而成為上帝家裏的人，在這個既不屬於自己而無家的世界上，能以進入上帝的家。在這一點上，沃弗的看法與艾里略的說法是相通的。

但沃弗的貢獻在於他提出一個要點，而這個要點是完全基於他對彼得前書在神學釋經上的深入研究和觀察。就是：彼得前書強調迴異（difference）及文化適應（acculturation）。[36] 基督徒這特殊的身分，引致在信仰、文化、生活、道德操守、品格言行等方面，與當時社會各階層之所言所行及文化期望，明顯地不協調。而當彼得的信眾受到社會中不信者的鄙視時，又或受到不公平的待遇時，心中忿怒之情，肯定會待機爆發；被鬱結所充塞的強烈不滿，按一般正常人的表現，肯定會導致滿胸怒火，報復的情緒隨時會一發不可收拾。但彼得在書中所提倡的，卻是一反常態的正面規勸，而非負面的退縮或反擊。統言之，在任何逼害或逆境的社會環境之下，彼得一直堅持要表達基督徒身分所帶來的正面回應，也就是與公眾期望相悖的迴異，而且堅信這種信仰肯定，必定會令加害者啞口無言而改觀，[37] 這可見於下列彼得前書的經文：

你們在外邦人中要品行端正，好讓那些人，雖然毀謗你們是作惡的，會因看見你們的好行為而在鑒察的日子歸榮耀給上帝。（二 12）

你們作奴僕的，凡事要存敬畏的心順服主人；不但順服善良溫和的，就是乖僻的也要順服。倘若你們為使良心對得起上帝，忍受冤屈的痛苦，這是可讚許的。（二 18～19）

不要以惡報惡，以辱罵還辱罵，倒要祝福，因為你們正是為此蒙召的，好使你們承受福氣。（三 9）

對這種拒絕報復、不以眼還眼的心態，被沃弗肯定為一種「崇高的平靜心態，足以引發一場影響深遠的革命……當祝福取代盛怒，受害者拒絕報復，反而選擇以擁抱取代暴力。人怎能在生死悠關的逼害之中，放棄暴力？只有那些將自身的身分，與仇敵的信仰和暴行纏裹一起，而加以棄絕的人才可以。只有那些拒絕任由仇敵來定義自己的人，才可祝福他們」。[38]

沃弗強調彼得前書一方面主張迥異、不同、不妥協，但另一方面亦主張與文化相適應。這種迥異與文化適應之間，確實存在著張力，沃弗便嘗試以彼得前書中的「家庭法規」（household codes）[39] 為例，說明這種差異，並證明在彼得前書中的家庭規範，一方面是有差異的接納（differentiated acceptance），另一方面則是拒絕周邊的文化。[40]

彼得前書中有一些規勸信徒要服從的經文（二 13、18，三 1），且要忍受不公義的冤屈（二 19），更要存溫柔和謙卑的心態面對逼害(三 4、8)。若將這些經文解釋為在宗教上將逼害合理化的被動行為,這是一較膚淺的說法。其實,反過來說,這種服從性的經文,是以受苦的彌賽亞之政治名義,來向暴行政治抗爭的召喚,[41] 是柔弱中的堅持,也是向現存的社會現實的適應,更是指出這些不公義的社會現實的殘缺,並且向之宣戰。沃弗認為:「信徒應該緊記,跟隨被釘十字架的彌賽亞之召喚,長遠來說,比改變諸多不公義的政治、經濟、家庭組織來得有效。甚或比直接要求革命那推倒重來的做法有效。忠於被釘的彌賽亞,也就是敬拜被釘十字架的上帝,這顯然是一個政治行動,可以從基本上顛覆那以不義來管治的政治。」[42]

沃弗稱這種迴異為軟迴異(soft difference),所謂軟迴異並不是軟弱的迴異,也不是剛硬的迴異,卻是強勁的迴異。「不過,你們是被揀選的一族,是君尊的祭司,是神聖的國度,是屬上帝的子民,要使你們宣揚那召你們出黑暗入奇妙光明者的美德。」(二 9)這是基督徒因悔改而獲新身分後的使命,宣揚上帝的大能,就是使人出黑暗入光明的能力。但全本彼得前書卻規勸信徒,不要以暴易暴,反要以善勝惡之軟迴異,令加害者羞恥;另一方面則以上帝子民的身分,適應文化,為要完成上帝的使命。

六 對現代使徒的一點神學反省

在一個對基督教信仰冷漠的社會中,要將彼得前書的信息付諸實行,這被認為是困難的。沃弗所建議的軟迴異和文化適應的建議,在當代教會的認受性方面,或會備受質疑,因為這信息跟現代的社會現實、文化處境、人性感受等，皆背道而馳。但現代的信徒不應忘記，將整個創造交由人去修理看守，也是挑戰人類認為「不可能」的極限；道成肉身的道理，也是挑戰人類認為「不可能」的極限。由聖經的記述和神學的闡釋可知，上帝不也是要為完成這「不可能」的「可能」付出高昂的代價嗎？當代的教會是否也應學習付出代價，拒絕以最低的標準來量度自己，並以最高的標準來挑戰自己呢（你們要完全，好像天父完全一樣）？在諸多磨鍊之中，更不應放棄相信上帝的恩典，不應退縮於挑戰之外，不應放棄承擔新身分的新使命。

1. 上帝的恩典

> 我簡單地寫了這信，託我所看為忠心的弟兄西拉交給你們，勸勉你們，又證明這恩是上帝的真實的恩典；你們務要在這恩上站立得住。（五 12）

在諸多逼迫、壓力、毀謗、鄙視之後，也在彼得諸多規勸、不應以眼還眼的軟迴異之後，彼得在書信結束前，要求那些在苦難中的弟兄姊妹們，千萬不要忘記上帝的恩典。透過上帝救贖的恩典，他們獲得新生命和新的身分（一 2）；再者，透過那使主耶穌復活的能力，他們有全新的盼望和上帝的保守（一 3～11）。這全都是恩典，是上帝的恩典。

2. 面對苦難

要以正面的心態面對一切形式的逼迫，拒絕以眼還眼，以愛和恩慈回報加害者，更以上帝的寬恕擁抱敵人，不讓仇恨和不滿延伸下去，不讓罪惡滋生而污染世界和文化。以軟迴異令敵人驚訝，以與文化相適應來打破彼此間的隔閡。拒絕逃避苦難，擁抱因恩典而開的自由和空間。

3. 承擔責任

基督徒的新生命、新身分也賦予我們新的責任，總的來說就是要宣揚上帝的美德，但對我們生活空間中的各有關層面，也有應承擔的責任：

1. 對信仰的羣體：既被救贖，就要過一個聖潔的生活（一 2、15～16、22），與羣體內的肢體互相支援、鼓勵，彼此接納。
2. 對身處的社會：要以堅定的信仰為基礎而互相包容，以寬恕的愛來擁抱且拒絕報復。
3. 在世界中生活要品行端正，贏得他人的尊重（二 15、20，三 13～17，四 19）。
4. 對社會有正面的貢獻。

註釋：

1. J. H. Elliot, "The Rehabilitation of an Exegetical Step-Child: 1 Peter in Recent Research," *Journal of Biblical Literature* 95 no. 2 (1976): 243～254.
2. Mark Dubis, "Research on 1 Peter: A Survey of Scholarly Literature Since 1985," *Currents in Biblical Research* 4 no. 2 (2006): 199～239.
3. J. H. Elliott, *A Home of the Homeless: A Social-Scientific Criticism of I Peter, Its Situation and Strategy, with a New Introduction* (Philadelphia, PA: Fortress Press, 1990)。此書初版於一九八一年面世時，作者坦承在方法論方面，是嘗試以彼得前書為題材，作一科際間統合（interdisplinary）的研究，是摸

著石頭過河的，採用了聖經研究常用的歷史評鑑方法和社會學所提供的範模為基礎。但到一九九〇出第二版時，作者則詳細解釋研究方法的演變，所謂社會科學評鑑法（social-scientific criticism），除了沿用歷史評鑑法（historical-critical）之外，作者更明言凡對彼得前書的經文研究有所裨益的社會科學，如人類學、經濟學、文字學等，他也囊括其中，此舉更在方法論上豐富了歷史評鑑法，也使這社會科學評鑑法更趨成熟，故在新版的序言中，對社會科學評鑑法作了一頗詳細的解釋，參該書頁xviii ～ xxvi。

4. Elliott, *Home for the Homeless*, 13 ～ 14.
5. 參 Elliott, *Home for the Homeless*, 21 ～ 165。
6. 除非特別標明，本文所引經文皆沿用《和合本修訂版》。
7. 「在耶穌的時代，猶太人散居於羅馬帝國的各大小城鄉，這已是不爭的事實。新約時代大約有二百五十萬猶太人居住在巴勒斯坦，而大約四至六百萬則居住在巴勒斯坦以外的地區，包括米所波大米亞（Mesopotamia）、敘利亞／小亞細亞（Syria / Asia Minor）和埃及等。上述每一個地區都有超過一百萬猶太人居住，而北非則大概有十萬猶太人聚居⋯⋯在地中海沿岸的大小城鄉，都有猶太人居住，這是毫不誇張的說法。在羅馬帝國中，最大的猶太人聚居的城市，是北非的亞歷山太（Alexandria），大約有二十萬人，而羅馬城也有五萬猶太人居住。」猶太人散居各地是無可爭議的事實，但精確的數字，則仍是一個具高度爭議的問題。參 James S. Jeffers, *The Greco-Roman World of the New Testament Era: Exploring the Background of Early Christianity* (Downers Grove, IL: InterVarsity Press, 1999), 213。
8. 參 Jeffers, *The Greco-Roman World of the New Testament Era*, 215。
9. K. L. and M. A. Schmidt, "paroikos, paroikia, paroikew," *TDNT* 5:841 ～ 853.
10. Elliott, *Home for the Homeless*, 24.
11. Schmidt, *TDNT*, 5:842。施密特（M. A. Schmidt）在這篇文章中，以 *TDNT* 詞典一貫的方式，將這個字及與之有關的字羣，從古典希臘文到拉比著作、希羅文學、舊約、新約等各種文體中的作品，作了非常詳細的研究，並帶出這字在政治及法律方面的含意。該等含意也令彼得前書的研究，有新的啓發。
12. Jeffers, *The Greco-Roman World of the New Testament Era*, 215.
13. Jeffers, *The Greco-Roman World of the New Testament Era*, 216.
14. 散見 Elliott, *Home for the Homeless*, 25 ～ 35。
15. Everett Ferguson, *Backgrounds of Early Christianity*, 3rd ed. (Grand Rapids, MI: Eerdmans Publishing Company, 2003), 427 ～ 430.
16. Dubis, "Research on 1 Peter," 204 ～ 205.
17. 亞德邁耶（Paul J. Achtemeier）、格林（Joel B. Green）、湯瑪因（Marianne

Meye Thompson)：《新約文學與神學：後期著作及背景》，伍美詩譯(香港：天道，2006)，頁 101～102。

18. 亞德邁耶等：《新約文學與神學：後期著作及背景》，頁 102～103。
19. 在這些經文中，希臘文都有「他們的會堂」等字眼，但《和合本修訂版》除了在九章 35 節作出「他們的會堂」的翻譯之外，其餘都沒有作出這樣的翻譯。《新漢語譯本》則在九章 35 節及十章 12 節譯出了「他們的會堂」，其他未有如此翻譯的，則在註腳中提出。
20. Graham N. Stanton, *A Gospel for the New People: Studies in Matthew* (Louisville, KY: Westminster Press, 1993), 113～145.
21. 從使徒行傳的記載中，可見保羅因帶領外邦人信主，並刷新信仰的要求，與猶太基督徒有嚴重分歧，並要召開耶路撒冷大會(徒十五章)來澄清及解決問題。但此後卻困難多多，對保羅的工作影響至巨(加一 6～9)。當福音進入希羅的文化世界，與文化的衝突，自不待言。保羅又經常被暴民騷擾，被囚於官獄，甚至要上訴該撒。這些外在和內在的衝突，使福音在挑戰中自省，在文化衝擊中進步。
22. W. H. C. Frend, "The Failure of the Persecutions in the Roman Empire," *Past & Present* 16 (November, 1959) : 10～30; Hugh Last, "The Study of the 'Persecutions'," *The Journal of Roman Studies* 27 (1937): 80～92.
23. Last, "The Study of the 'Persecutions'," 90.
24. Last, "The Study of the 'Persecutions'," 92.
25. 黃錫木編：《新約背景文獻選輯》(香港：國際聖經協會，2000)，頁 192～195。
26. 黃錫木編：《新約背景文獻選輯》，頁 195～196。
27. Barbara Levick, "Pliny in Bithynia—and What Followed," *Greece & Rome*, Second Series 26, no. 2 (October, 1979): 119。此文對皮里紐的背景，以及在他任內庇推尼一本都省內種困難，特別是經濟方面困難都有很詳細的描述。參頁 119～131。
28. W. H. C. Frend, *Martyrdom and Persecution in the Early Church: A Study of a Conflict from the Maddabees to Donatus* (Grand Rapids, MI: Baker Book House, 1981), 217.
29. Frend, *Martyrdom and Persecution in the Early Church*, 218.
30. Levick, "Pliny in Bithynia—and What Followed," 120～124.
31. William M. Ramsay, *The Church in the Roman Empire Before A.D. 170* (Grand Rapids, MI: Baker Book House, 1979), 295.
32. Ramsay, *The Church in the Roman Empire Before A.D.,* 170, 294.
33. Miraslav Volf, "Soft Difference: Theological Reflections on the Relation

Between Church and Culture in 1 Peter," *Ex Auditu* 10 (1994): 15 ~ 30.

34. Volf, "Soft Difference," 17.
35. 散見於 Volf, "Soft Difference," 18, 22。
36. Volf, "Soft Difference," 21.
37. Volf, "Soft Difference," 20 ~ 21.
38. Volf, "Soft Difference," 21.
39. 家庭規範的討論，由來已久，因為在希臘文學中及新約幾卷經書中都有記載（弗五 21 ~ 六 9；西三 18 ~ 四 1；彼前二 18 ~ 三 7）。所謂家庭規範，是指處理家庭關係的規則，包括夫妻、父母子女、主僕、甚至政府官員等。以社會釋經學的立場來看，艾里略（John H. Elliott）和包治（David Balch）之間的辯論最為影響深遠。至於家庭規範的作用，前者強調其乃維護自身獨特身分不至被分化的途徑，而後者則堅持其為與文化適應的手段。參 Dubis, "Research on 1 Peter," 212 ~ 215。而在這觀點上，沃弗則採取了兼容並包的中間路線，既堅持迥異，亦強調文化適應。
40. Volf, "Soft Difference," 22.
41. Volf, "Soft Difference," 22.
42. Volf, "Soft Difference," 23.

衝突、省察與和好

8

以調解突破教會衝突僵局

張天和

一 引言——教會衝突需要處理

教會衝突？哪間教會沒有衝突？教會怎樣面對衝突？教會怎樣在衝突之中不致四分五裂……？相信這是每個教會領袖都感到棘手的問題，也是每間教會急需解決的問題。既然教會內確實存在矛盾與不和的事情，那麼就不要逃避，也不要隱藏，而是坦然面對及處理。

在處理衝突方面，常會出現下列五種最普遍的「處理模式」：(1)逃避：表現出三緘其口，表面上不計較，心裏憤恨不平、沮喪消沉，在背後説長道短等舉動，這種逃避的方式會使問題坐大，也可能會連累到別人；(2)壓抑：一方裝作若無其事，或息事寧人，得過且過，或克制自己所有惡劣的情緒，為的是保持關係，這樣可能使衝突更為嚴重，因為對方一無所知，即使感到事情不對勁，也找不出真正的問題重點；(3)輸贏：極力證明對方的錯誤，堅持要對方改變心意或讓步，想要擊敗對方，甚至訴諸暴力，結果輸方可能不支持對方片面的決定，甚至會企圖加以破壞，今天勉強屈服的輸者，可能明天就會拒絕合作；(4)折衷：折衷的方式需要應用一些談判的技巧，使每個人都能各取所需，如果無法做出一個更大的餅，是否能以公平的方式，平均分配？否則有一方力爭自己的權益，而另一方則委屈求全，問題就會更難處理；(5)合作：堅持自己的立場，也重視彼此的關係，認為有分歧只是未有足夠的了解，於是致力找出共通點，再彼此協商。[1]這些「處理模式」的處理方式，如能靈活運用，在某些時候是適當的。但是若不加變通，問題就會產生。

另外，筆者從衝突個案中看見，在處理過程中，若有一些破壞性元素滲入，就通常會出現更差勁的情況。這類破壞性元素包括：(1)不擇手段、只求勝過對方，把聖經教導及做人的基本操守都丟到腦後；(2)黨同伐異，與自己立場相同的就對，否則就錯；(3)不問事情對錯，只關心一己之榮辱，事與人分不清；(4)不正面處理問題，卻旁敲側擊，聲東擊西，惹起更多的疑慮及問題；(5)以自己的利益為中心，有支配他人的慾望，有時甚至違章行事；(6)聯羣結黨，另創勢力等。[2]因此，在處理教會衝突時，要謹慎並格外小心，其要旨是要保持或重建在基督裏和好的關係。[3]

本文探討透過使用坊間常運用之調解技巧去處理教會的衝突問題，期盼能達成衝突雙方雙贏的方案。雙贏能讓雙方的關係變得更和諧，因為當雙贏的時候，每個人都會努力維持這個結果。

二 認識調解

過去三十多年，經常聽見很多國際間衝突都是以調解來解決的，其中較觸目的是一九七九年伊朗學生脅持了美國駐德克蘭領事館五十二名人質事件，最後透過調解促成釋放人質。而「調解」這名詞，也漸漸多見於報章媒體。

事實上，多名外國調解專家在其著作中，都不約而同地讚揚及參考中華文化，間中亦引用《孫子兵法》在其調解學上。原來在春秋戰國時代，孔子、墨子周遊列國，斡旋於各國及諸侯間，用談判方式化解不少戰爭，原來我國先賢才是調解學的鼻祖。[4]

在二○○七至二○○八年度施政報告中第八十五段，香港特首曾蔭權首次提出：調解服務可以減少社會衝突，減低社會成本，有利重建雙方關係。該段全文如下：

> 在減低社會衝突、建設和諧社會方面，我會發展調解服務。很多時人與人之間的衝突，其實不必動輒由法庭處理，調解服務可以減低社會成本，亦可以有利於雙方重建關係，這是世界先進地區的發展趨向。律政司司長領導的跨界別工作小組，將會籌劃如何更有效及廣泛利用調解處理高層次的商業糾紛，以及相對小型但與社區息息相關的糾紛。[5]

在隨後幾年的施政報告中，曾特首都有再次提出設立糾紛調解機制，以調解解決爭議等內容。[6]另外，香港調解學院院長鄭會圻在拜會當代調解大師費雪（Roger Fisher）[7]時，他說：「最希望調解有朝一日發展到日常生活層面，人人皆識，因為矛盾與衝突根本就是日常生活的一部分，愈能普及，愈多人受惠。」[8]

筆者事奉主數十年，目睹與經歷過不少教會衝突事件，身處其中，真是有説不出的無奈、鬱悶與沮喪。筆者心裏十分矛盾，一方面很想教會能免疫於衝突，但另方面卻知道這是不可能的，因人與人相處，總會遇到人際關係的張力。既然這是一個活生生的情況，我們惟有一同積極地面對及處理。筆者盼望調解能成為教會處理衝突的一條出路，因此在本節會集中介紹調解的觀念及技巧。[9]

1. 調解是甚麼？

「調解」(mediation)是一種另類解決爭議的方法(Alternative Dispute Resolution，簡稱"ADR")，是通過雙方自願參與，在保密的原則底下，由一位獨立的「調解員」，以中立、公正及持平的態度，在友好協商的環境下，進行不同形式的溝通，協助雙方找出真正需要和關注的利益，通過運用不同的溝通和調解技巧製造更多的選擇方法，讓雙方以自主的能力和需要選出真正適合雙方的雙贏方案，達成雙贏局面，並且讓雙方以往的合作關係得以保持和延續。[10]

其實，中國人對「調解」這個詞彙並不陌生，其意義一般是指調停及解決糾紛，即協助衝突雙方和解。在華人社會裏一向有「和事佬」這個重要的角色。「和事」者，是指調和一些事情；「佬」者，指社區上的長輩或有經驗的前輩。所謂「和事佬」，即是憑著一個擁有人生閱歷的人充當中間人，來調停人際或社區糾紛，使遭破壞的關係得以恢復和諧。由此觀之，在華人社會中，「調解」與「排難解困」及「和好」有著密切的關係。而華人所重視的是一種大事化小、小事化無的取向，這反映著一種重視大體及互相忍讓的哲理。[11]

西方的「調解」與東方的調解有點不同。西方學者對調解的定義，較傾向個人的權利和利益，調解一般被看成一種「促進式的談判」（facilitated negotiation）及「第三者介入方法」（third-party intervention）。其中，最重視的是維護每個人應有的權利（individual right），並透過第三者的介入來促進衝突雙方彼此談判，以期達到平衡利益的結果。此外，西方調解學所重視的是一個「中立」的程序，調解員在過程中，應以客觀、專業及不偏不倚的主持者身分出現，透過既定的程序促進談判。從這個角度來看，雙方是到會議桌前來「談判」的，不一定是來「復和關係」的。[12]

從以上的介紹可見，東方的「調解」著重調停與解決，西方的「調解」則看重公平的談判。調解與談判兩者有何關係？其實，人與人之間的交往，遇有不同意見，觀點相異，各不相讓時，如果不採用暴力的方式來解決，另一種方式就是——談判。有時，談判是由爭議人自發地運用談判或商議方法去解決問題。然而，獨立、中立的第三方，協助雙方或多方進行談判，那就是——調解。調解人不判決對錯，不偏幫任何一方，更不會判定被調解人之間所決定的解決方案合不合理。只是協調談判會議的進行；協助破除會議進行間的障礙；幫助分析談判僵局的因由；主持談判會議的流程及議題，以確保被調解的各方在有秩序、保密、安全的環境下，坦誠地討論解決分歧的方案。[13]

由於筆者推介以調解技巧去處理教會衝突問題，目的是為了作成和好的職事，讓衝突雙方能達致和好，修復彼此的關係，因此筆者傾向於以西方「調解」的技巧，以及華人「調解」

的精神作立足點。

2. 調解的模式

認識不同的調解模式，可以幫助調解者在不同的現實環境中，協助爭議人解決有關糾紛。在香港普遍使用的調解模式有四類：和解模式（settlement）、促進模式（facilitative）、療法模式（therapeutic）及評核模式（evaluative）。[14]

A. 和解模式

調解者負責找出或決定衝突雙方的底線，鼓勵爭議人進行商討，並嘗試游說他們改變立場，使雙方互相作出讓步、放棄某程度的利益，而達成彼此可以接受和解方案。

B. 促進模式

調解者只作少量介入，他最主要的工作是要協助衝突雙方建立一個建設性的溝通渠道，改善協商談判的過程，鼓勵爭議人圍繞雙方的共同利益討論，創造可行的和解方案。

C. 療法模式

調解者以專業治療方法，首要幫助爭議人解決雙方在關係上所出現的困難，至於其他爭議的問題，則待雙方的關係修復後才繼續進行。這種模式是以解決雙方內在負面情緒、並重新建立兩者的關係為基礎。

D. 評核模式

調解者要作出高度的介入，會鼓勵雙方以各自所聘請專家的意見，作為談判的基礎，並以預見法庭的判決來訂定和解結果。這種模式重點是以衝突雙方在法律上的權益為最終基礎。

總括以上四種模式，「評核模式」似乎不太配合作成和好職事的原意，故筆者認為不宜於在教會場景中使用，其他三者都可以按實際情況混合使用。然而，筆者非常欣賞「療法模式」，因它是以修復關係為大前提，以解決雙方負面情緒為重點，值得我們多多使用。

三 調解——突破衝突僵局

雖然調解只是一個衝突雙方作出決策的過程，而調解者也只是作為中立的第三者去協助雙方進行協商，但若要使到調解更順利進行，並增加調解的成功機會，就不得不考慮到調解的適當時機，以及調解者所需要掌握的那些重要的調解技巧了。

1. 調解的時機

在進行正式調解前，調解者需要個別約見衝突雙方，並對當前爭議的問題、成因、所屬的類別，以及雙方衝突的程度有初步的了解，他也需要選擇一個適當的時機進行調解。究竟甚麼時候調解者需要介入，成為他們的中間人，讓關係得以復和？相信沒有標準的答案。調解者需要注意下列各項的要點，從而判斷出一個較為理想及合適的調解時機。

A. 合適的調解時機

1. 衝突雙方以往的關係。江仲有律師認為，雙方以往的關係是重要的考慮。倘若雙方過去無不愉快的關係，又或者有過衝突但引發的敵意或怒氣不太大的話，調解是合適作為解決衝突的一個有效工具。[15]

2. 衝突雙方和解的意欲。衝突雙方和解的意欲對於調解的過程有密切的關係，在調解者努力勸解下，雙方起碼要願意對話、有交談的動機，即使遇上很大的困難，仍然願意面對面嘗試去面對問題。當然，**這正是最困難的一步**，然而卻是解決衝突必要的一步，若一方不肯去面對，問題就難以解決。因此，作為傳道人，我們是衝突者的中間橋梁，當然他們是否願意面對面溝通，多少是跟對調解者的信任度有關。倘若雙方都有很高的信任度的話，那達成勸導的成功機會就很高了，這時候便是一個合適的調解時機。
3. 衝突雙方都要認定他們要說出事實與感受。調解者要鼓勵對話的雙方必須自我敞開，願意將事實講出來，同時，在適當的時候，向對方表達自己的感受和回應對方說話，甚至具體形容自己的情感。大家若非坦誠的表達感受，就不會了解彼此之間原來有如此深的裂痕在其中；雙方有坦誠的溝通，才能觸及實質的衝突之處，也惟有如此，才有可能增進彼此期望達成和諧的關係。這時候，調解才有機會發揮果效。
4. 衝突雙方是否同意調解者的介入。調解者必須注意，若有任何一方反對由第三者作出調解，調解者都不宜提出任何修復彼此關係的意見，這會對其中一方構成不必要的壓力，最後可能會讓衝突升級，令彼此的關係更加惡劣。[16]

B. 不合適的調解時機

1. 衝突雙方其中一方認為真理在自己那方。只要有其中一方自認為自己必勝，因真理在自己那邊，那麼他怎會願意作出讓步呢！當然他也不會願意與對方談判。這情況下，調解沒有任何作用。

2. 衝突雙方其中一方認定對方固執、存有偏見、野蠻、不說理，是對方不肯談判。其實，雙方可能都有相同或類似的意見及印象，只是互不知情而已。這樣，何來進行調解呢！
3. 衝突雙方其中一方在觀念中認為，誰先提出和解談判，誰就顯得理虧、怯懦。試問誰願意被視為理虧的一方呢？
4. 衝突雙方其中一方主觀地認為：「我的個案不適合調解。」其實大多數人都明白到雙鬥必輸，但很多時未明調解之運作及其作用，就莫名其妙地認定：「我的個案不適合調解。」那麼，這就真的不適合調解了！[17]

作為衝突雙方身邊的弟兄姊妹們，當然希望盡快能夠處理當前的問題，避免他們關係惡化，以致影響教會的合一和名聲，最後甚至使耶穌基督的名受損。然而，倘若肢體們過於急進，自己強行或被邀請在一個不適當的時機進行調解，這不但對衝突的狀況絲毫沒有幫助，反而弄巧反拙，最後釀成更嚴重的衝突，使基督和教會的名聲最後受到真正的損害。因此，我們要小心考量進行調解的適當時機。

5. 調解的流程

調解者除了需要選擇一個適當進行調解的時機外，也必須清楚明白整個調解的流程，以致在調解過程中能對衝突雙方提供一個清晰的指引，使調解能達到最大的果效。一般來說，調解可以分為兩個階段，就是「衝突分析定義階段」及「探討衝突解決方案階段」。[18]

A. 衝突分析定義階段

這階段主要是調解者引導衝突雙方，尋找問題的根源、類別及嚴重性，以協助衝突雙方了解引起衝突的真正原因。在這階段裏，實質並未開始進行尋找解決問題的方案，只是探討問題的主因，並讓雙方有機會宣洩情緒，以及嘗試建立雙方都認同的議題，日後作進一步討論。因此，這階段又可稱為「澄清問題定位階段」。[19]

B. 探討衝突解決方案階段

當調解者找出衝突雙方的衝突原因後，其實雙方就有關問題的分歧已逐漸收窄了。這時候，調解者便需要引導雙方尋求和解的意見，雙方可以開始交換資料、觀點及立場，以增加彼此互相了解，以致能夠消除先前的偏見，而調解者也可以刺激雙方的聯想力，創造不同的和解方案。因此，這階段又可稱為「問題解決階段」。[20]

作為基督徒調解者，除了要清楚了解上述兩個階段外，還要在整個調解過程中向上帝禱告，又鼓勵雙方同心禱告，求上帝引領。同時，要經常提醒雙方有關愛與寬恕的道理，達成和好是調解的最終目標。[21]

6. 調解的技巧

在調解過程中，技巧能夠營造和諧的調解氣氛，因此作為調解者，認識調解技巧是十分重要的。可是，由於當中涉及多種技巧，筆者在有限篇幅中只提出幾種重要的技巧。

A. 運用同理心技巧傾聽雙方的感受

「同理心」是藉著「主動的聆聽」，設身處地從對方的觀點和角度，去看他的世界、事物和感受，誠然成為對方的一個「知音」者，但這並不表示要贊成那人有問題的思想和行動。[22] 處理衝突時，調解者應能運用同理心傾聽雙方對問題的感受，促進雙方真正的溝通，並鼓勵雙方傾聽對方的感受而得到共鳴。因為促進雙方真正的溝通，需要培養默契，了解彼此的感受及動機，找出彼此的共通點。

專注地聆別人說甚麼並進入其話中的內心感覺，這種方式稱為「主動的傾聽」。主動傾聽的技巧有：(1)不要談論自己；(2)不要改變話題；(3)不要批評或建議；(4)不要分心想著你待會兒要說的話；(5)不要忽視或排斥對方的感覺，注意他的弦外之音及肢體語言；(6)不要假裝了解對方的意思；(7)關心他的需要、憂慮及困難，鼓勵他說出來；(8)確定你完全了解他的意思，例如用你自己的話，簡單地複述他所說的重點。[23]

如果調解者與雙方能夠運用主動傾聽的技巧，可以獲得下列三項效用：(1)能夠接收所有的訊息，並檢視雙方都同意的事實；(2)彼此都能感受到被肯定與尊重；(3)獲得激勵，化解敵意，理性地處理問題。

B. 把憂慮事項改為討論事項

在調解過程中，衝突雙方都會把所關心的事情，以自己的立場、形式向對方表達。而調解者其中一個重要的技巧，就是引導雙方遠離立場，不以滿足本身的利益為出發點，以及帶領他們朝著滿足整體需要的利益方向進行和解。

調解者只需邀請當事人說出他們的憂慮、需求、利益及立場，並嘗試把那些自我中心的觀點，改變為雙方都要面對的共同、客觀的問題，以作為討論的焦點。[24]

C. 處理因為衝突所引起的情緒問題[25]

處理衝突最怕「情緒化」，[26] 因為情緒可以將調解者、衝突雙方淹沒，使他們失去理智。在處理衝突的過程中，要協助雙方掌握情緒 —— 不是漫無節制地發洩情緒，而是適度地抒發情緒，才能夠造就更豐富的關係。

一般來說，衝突雙方在討論彼此爭議的問題上，都有可能出現以下的情緒反應，如憤怒、憂傷、否認、不接納等。調解者並不需要全面禁止這些情緒的反應，而是控制及疏導當事人高漲的情緒，使調解能夠繼續平和地進行。

因此，採用下列有效的處理情緒的方式，可以緩和衝突。

1. **發洩情緒**：在不影響對方的情況下，適度地抒解情緒。如果情緒沒有加以處理，將它壓抑著，可能會導致一種慢性的恐懼情境（焦慮）、悲傷（沮喪）或是憤怒（侵犯）。過度的積鬱或積怨，都可能會使最微不足道的小事，變成一發不可收拾的導火線。有時候新仇挑起舊恨，甚至把它全部發洩到某個人身上，最後釀成更嚴重的衝突。
2. **專注**：探討並分析真正的原因。處理複雜情緒的方式，就是確實地「感覺它」，並且追根究柢加以探討。換言之，就是專心思考，找出問題的核心。調解者要協助雙方問自己下列問題：「最主要的問題是甚麼？」「其中的關鍵在哪裏？」「最重要的是甚麼？」或「真正的事實是怎樣？」不要回答自己，停下來，傾聽和等待，以及釐清問題。每當情緒激動、混亂，而無法理出頭緒時，「專注」會帶來很大的幫助。

3. **溝通感覺**：運用情緒上的能量，創造積極的改變。衝突中的負面感受，例如憤怒、敵意、怨恨及挫折，都很容易變成破壞力量。但是，如果調解者能善用這些負面情緒的熱度，就可以讓它們成為帶來改變的火種。例如，從一場針鋒相對的談話之中，發掘出有用的訊息。重要的是，當一方在發洩情緒時，請另一方主動傾聽，並應該包容、忍耐，且能夠心平氣和地接受對方發洩積壓的情緒。同時，應避免太多的解釋而讓對方感覺到你只是過度保護自己，或調解者在保護另一方。更不要作出批評，以免再度引發爭論，破壞已建立的溝通管道。

D. 有效的聆聽[27]

所謂「有效的聆聽」，是指調解者除了專心聆聽衝突雙方的陳述外，調解者還需要注意自己及當事人所展示的身體語言。這些身體語言是指人與人之間接觸來往時，他們用體態、動作、表情、環境等表達其內裏的意思。

在關注身體語言的過程中，應該注意下列各項：

1. 身體的姿勢是身體語言的重要部分，調解者身體的姿勢，往往向衝突雙方表示他已預備好進行調解工作。同樣，衝突雙方的思想和情緒，也會在身體的姿勢上表露出來。他們或會放鬆自己，表示願意開放、輕鬆的態度；或會雙手交叉放在胸前，表示自我保護、緊張的態度。
2. 正面相對是指衝突雙方都能面對面，對著對方；否則，就是表達沒有興趣聽對方的話，覺得對方欠缺認真和誠懇。

3. 調解者可透過視線接觸去表示全神貫注、關懷、懇切，並竭盡其力試圖了解對方。另一方面，藉著視線的接觸，調解者可以觀察衝突雙方的動態，藉此推測對方內裏的動態，因為一個人內裏的情緒和思想，往往會由外表的動態表露出來。

因此，調解者需要用身體語言表達誠意，同時也需要正確地解讀衝突雙方的身體語言，以便採取適當的措施，防止他們破壞調解的進程。

E. 溝通整合

這是一項相當重要的調解技巧，調解者要一面留心聆聽，一面暗地自問：當事人所述說的資料中，甚麼是最重要的資料？調解者要重新整合，再用不同的言語、語氣，剔除一些不必要及帶傷害性的言語，整合出發言者說話的意義。在溝通整合中最重要的理念，就是藉著調解者的介入，改變及澄清當事人對爭議的觀念及期望，而這改變則可以影響衝突雙方的談判態度、行為、觀念及立場。

調解者較難掌握這種技巧，因他會將有害的、批評性的及侮辱性的說話換成正面的說法，這很容易被其中一方誤會為偏袒對方，也容易被誤為假意奉承而引起反感。所以，調解者要小心運用。[28]

F. 製作衝突分析表

當衝突發生時，人們常感覺到混亂不堪、無計可施，不知該從何下手……。製作衝突分析表，就是要把各種情況清楚地列出來，幫助各方整理出整個事件的頭緒，看出事件彼此間的關聯，並提醒調解者一些沒有想到的原因。在處理衝突前，可先請雙方單獨進行，或在衝突調解會中讓所有的當事人共同參與。這樣做，是要回到彼此的「需求點」，找出「雙贏」策略，它能幫助我們有條不紊、按部就班地處理問題。其步驟有三：步驟一，問題在哪裏？步驟二，誰牽連其中？步驟三，他們想要甚麼？他們「需要」甚麼？他們「恐懼」甚麼？

處理衝突時應把焦點放在每一個人的需求及恐懼上面，直到分析表完成為止。不要把話題岔到別的地方，使問題過於複雜。調解者要在衝突分析表中做到的事情：(1)更清楚地了解問題的本質；(2)在雙方提出的意見中找出共通點；(3)包容不同的需要及觀點，建立共識；(4)如果一方堅持以某種方式解決問題，應該探討其隱藏的動機，最常見的是為挽回面子的意氣之爭；(5)找出最需要注意的困難部分；(6)找出誘因，但是要針對現狀，不要為已成定局的事情浪費時間。[29]

筆者在這裏只列舉部分較為重要的調解技巧。作為基督徒調解者，若能掌握各種調解技巧，相信對於處理教會衝突會有一定的幫助。但別忘記，在調解過程中，調解者的個人質素仍然是十分重要的。他要以遵行聖經的命令、榮神益人、重建弟兄姊妹間的和好關係為調解的最終目的，並以禱告將調解過程及衝突雙方交託給上帝，隨著聖靈的引導，運用各種調解技巧，在愛中進行調解，筆者相信衝突的困局終會有所突破。

四 結論

人們在發生衝突後，往往因為感到受傷害、憤怒、怨恨、自尊受損、驕傲、不甘示弱及心存報復，而不願意解決問題，衝突若懸而不決，對雙方都沒有任何好處。有些人因為彼此不滿，可以多年互不說話。他們只懂怨恨、憤怒，卻不知道如何化解或不願意解決，結果帶給自己更長時間的痛苦。事實上，主動去解決問題並不表示自己不對，而是希望冰釋前嫌，彼此重新開始。耶穌告訴我們：「你們願意人怎樣待你們，你們也要怎樣待人。」（路六 31）就是要我們改變別人之前，必須先改變自己。要能這樣，最重要的是雙方都必須有誠意。

最近經常聽電視劇《誰家灶頭無煙火》之片頭曲 ——《相處之道》，[30] 它的歌詞很有意思，也道出人與人相處的重要道理，可以成為我們的提醒。

幾多幾多次聚餐，我與你爭吵已慣；
火花點起也礙眼，你責怪我不轉彎；
雙方望著但事實也口硬，而怒氣似未散；
不過學習盛怒用愛沖淡，情深不減。
彼此相處鬥氣也許少不免，
磨合再去為你改變，
愛能讓我們為愛人奉獻，
也能讓我們用愛造美點。[31]

註 釋：

1. 在大部分討論「衝突」的書籍中，都有提及這五種處理衝突的模式。參唐納德 C · 帕爾默（Donald C. Palmer）：《創意處理衝突》，何敏漩、石彩燕譯(香港:基道,2001),頁 34～41;陳校慈:《人際衝突與靈命塑造》(香港:基道,2000),頁 12～17;。參陳宗仁:〈如何處理信徒間的衝突〉;參網址:http://www.ttcs.org.tw/ ~church/23.1/03.htm;瀏覽於 2011 年 10 月 24 日。

2. 參游宏湘、邱清萍:《教會衝突的處理與重建》(美國:中信,2002),頁 184～186。
3. 參游宏湘、邱清萍:《教會衝突的處理與重建》,頁 182。
4. 鄭會圻編著:《調解——談判突破困局》(香港:萬里機構,2011),頁 16～18。
5. 曾蔭權:〈施政報告 2007～08〉;參網址:http://www.policyaddress.gov.hk/07～08/chi/p85.html;瀏覽於 2011 年 11 月 23 日。
6. 詳細內容可參考〈施政報告 2009～10〉第 12 段;〈施政報告 2010～11〉第 101 段;〈施政報告 2011～12——施政綱領〉第 3 章等。
7. 費希爾(Roger Fisher)是哈佛法學院的威利斯頓(Samuel Williston)榮譽法學教授,也是《達成一致》(*Getting to Yes*)一書的作者之一。費希爾教授於一九八四年創立了衝突管理組織(Conflict Management Group,簡稱"CMG")。該組織致力於在全球動盪地區進行和平建設和衝突解決工作,是該領域富有創新精神的領先者;參網址:http://www.50lessons.cn/viewlesson.asp?l=704;瀏覽於 2011 年 11 月 22 日。
8. 鄭會圻編著:《調解——談判突破困局》,頁 8～9。
9. 調解可算是一門專門的學問,在基督教內對此學問有系統地研究的資料實在鳳毛麟角;因此,筆者主要參考兩位在香港推行有關調解服務及訓練之資深導師——鄭會圻及江仲有的專業分析作基礎。
10. 參網址:http://www.hongkongcmc.com/definition.html;瀏覽於 2011 年 11 月 7 日。
11. 參網址:http://www.mediate.com.hk/index.php?option=com_content&task=view&id=263&Itemid=1;瀏覽於 2011 年 11 月 22 日。
12. 參網址:http://www.mediate.com.hk/index.php?option=com_content&task=view&id=263&Itemid=1;瀏覽於 2011 年 11 月 22 日。
13. 鄭會圻編著:《調解——談判突破困局》,頁 15～16。
14. 江仲有編著:《調解技巧》(香港:萬里機構,2004),頁 59～61。
15. 參江仲有編著:《調解技巧》,頁 36～37。
16. 參江仲有編著:《調解技巧》,頁 36～37。
17. 參鄭會圻編著:《調解——談判突破困局》,頁 36。
18. 參江仲有編著:《調解技巧》,頁 71～73。
19. 這階段之技巧應包括以下幾點:(1)讚賞衝突雙方選用調解作為解決衝突

問題的途徑；(2)查看雙方是否願意參與調解；(3)向雙方解釋調解的程序及目的；(4)強調調解者的中立性、獨立性及其責任，包括對衝突問題的保密；(5)向雙方發出調解指引，如一方發言時，另一方不可作出阻止或騷擾；(6)邀請雙方對整個調解提供評語及意見。參江仲有編著：《調解技巧》，頁75～76。

20. 倘若衝突雙方在某一項議題上出現嚴重分歧，以致雙方無法協商，僵持不下，調解者應立時暫停調解，並與雙方進行單獨會談，以詳細了解意見分歧的原因。參江仲有編著：《調解技巧》，頁80～95。
21. 帕爾默：《創意處理衝突》，頁91。
22. 參林孟平：《輔導與心理治療》(香港：商務，1986)，頁189～202。
23. 參陳宗仁：〈如何處理信徒間的衝突〉。
24. 參江仲有編著：《調解技巧》，頁124。
25. 參江仲有編著：《調解技巧》，頁125～127；參陳宗仁：〈如何處理信徒間的衝突〉。
26. 例如：情緒太激動了，無法專注傾聽對方，也無法仔細思考該説甚麼話；覺得受到屈辱，只想到「我要做給他們看」；受到嚴重的傷害，永遠無法原諒他們；或暴跳如雷等等過度情緒化反應。
27. 參江仲有編著：《調解技巧》，頁142～146。
28. 參江仲有編著：《調解技巧》，頁147～148。
29. 參陳宗仁：〈如何處理信徒間的衝突〉。
30. 此曲由鄧智偉、葉肇中作曲，陳詩慧填詞，曾路得主唱。
31. 參網址：http://www.tingyinge.com/music/2/2456/lrc_294249.htm；瀏覽於2011年11月26日。

9

「心理動力」的衝突觀與意識省察的禱告

張慧玲

一 心理動力的衝突和關注

1. 理論本身含有衝突

心理動力的學問(psychodynamic point of view)的中心，就是有關人內在的衝突，即人與自己不能接受的某些面相所產生的衝突。「動力」(dynamic)這詞，是心理分析學鼻祖佛洛依德(Sigmund Freud)[1]借用自十九世紀的物理學，其意思是指兩種互相衝突的力量產生出第三種力，向別的方向推進。[2]

心理動力是源自精神分析學(psychoanalysis)，而精神分析理論則是在臨牀經驗中觀察和不斷摸索中建構而成，是不斷尋真的過程，所以精神分析醫師在忠誠於某學派的同時，也取用了多種不同的理論做基礎。那些不同的精神分析理論之間是彼此衝突的，因它是假設性的理論，會被改動甚至捨棄，所以仍在不斷發展中。像考古學在古代遺址廢堆中一層一層發掘，精神分析也是建基於佛洛依德的理論，不斷發掘下去，大部分他所提出的原始概念及用語被沿用至今，如地誌學模式（topographic model）和結構理論（structural model）仍因其適切性而被採用，不過模式就不斷在發展之中；但有些概念則完全被新的概念所取代，如性驅力模式就是被看為錯誤而遭捨棄。

佛洛依德本人不斷反省自己的理論架構，有需要時也會大幅度修正自己的概念。經他的繼承者對其概念作出反省，精神分析經過了許多改變，對於心智模式（model of mind）也發展出不同的典範，這些不同典範並非自成一體，相反地，它是源自不同思考角度的一些概念組合，有些概念甚至是彼此矛盾和衝突的。

精神分析學的概念所持續存在的掙扎，也是一種衝突，即「生理觀」與「心理觀」之間的掙扎。例如佛洛依德以「本能」（instinct）或「驅力」（drive）解釋人類的動機，認為一個人在大部分時間中，其內在世界充滿了個體與其「本能」或「驅力」之間的掙扎。「本能」這詞造成了許多混淆，因這詞出自德文 *Instinkt*，是指天生的行為模式及反應，是「生理觀」的角度。另一個詞「驅力」，出自德文 *Trieb*，是隱含著敦促或推動自己朝向目標的動力，如生存的動力，這是「心理觀」的角度。但英文將兩個不同的德文字都譯成為"instinct"。[3]

本文介紹兩個重要的課題，其一是心理動力對心理內在衝突的研究，包括衝突的觀念和心智模式，其二是心理動力的治療作用與意識省察禱告，它們對內在世界的作用。

2. 心理動力的關注和一些基本假設

如下圖所示，人會因著外在環境的遭遇，或生理的變化，令內心世界經驗不協調或衝突，正向和反向的經驗互相碰觸而產生心理混亂，內在世界的心智和客體會與之互動，若能平衡所有東西，人便重新適應而恢復健康。心理動力所關心或感興趣的，是下圖左上角的圈內的正向經驗，即關心如何培養這些經驗，以至影響內在世界，讓人得到轉化，能以適應其他外在環境的轉變，以及平衡各種衝突，從而使人恢復健康的心理狀態。

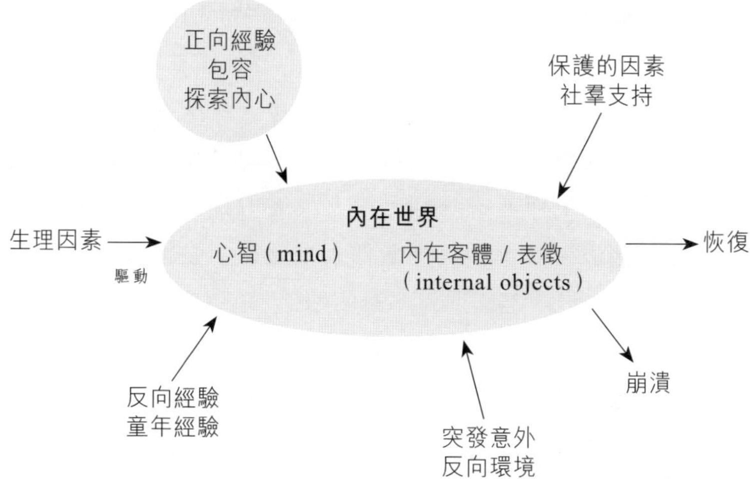

心理動力的基本前設：（1）人的行為、認知和情緒不單是由身體引致，也是由心理體驗引致；（2）人傾向追求減少心理的痛苦，而增加愉快和安全感；（3）生理的因素驅動心理調適；（4）潛意識（unconscious）的觀念和動態：早期的理論指出，潛意識是精神的部分元素或東西，不能直接理解，但可以從非理性的運作，例如夢境、精神病徵或誤語，而被辨認出來。這些被潛抑進入潛意識的，通常是一些不為人接受的記憶、願望、幻想、思想、意念或痛苦遭遇的某些層面。現代理論指出，潛意識是一種象徵，盛載著一些情感意義，但不為人所察覺。因此，潛意識的不是事件而是意義；(5)心智內有不同的力量，就是不同的本能慾望和衝動，互相在爭取表達；(6)行為是可以被明白的，都是一些有迹可尋、發展自早期的事件；(7)自我的經歷會內在化成為表徵結構(representational structures)，表現於人際的互相交往；(8)心理衝突是普遍存在的，人有時要忍受模稜兩可的狀態，周遭的事情有多種解釋或意義並不明確；(9)人透過防衛機制緩和潛意識的願望；(10)人的溝通因此在意識的意向以外，仍有別的意思。

後佛洛依德的近代心理分析理論中，最受推崇的是客體關係理論，其核心概念是相信人最初的動機在於尋求客體或與他人的關係，而非尋求滿足，人最終的目的是為了和另一個人保持關係。客體關係理論的主要觀點，強調內在世界充滿了自體(self)、客體(objects)，以及這兩者之間的關係。這些內在客體之間的關係，是日後人際關係的樣板。健康的成人的心理狀態是：安全的自我感，內心世界有穩定的自體—客體分化(self-object separation)，有具體建立親密關係及獨處的能力，調適良好的情緒生活，以及擁有安全感和高自尊。[4]

客體關係理論在某程度上也與基督教信仰共融；耶穌門徒的人生目的，也是為了保持關係，就是人與上帝合一的關係，但同時能將上帝內化為客體，具體與上帝建立親密關係，從而得著滋養，並建立與人親密的關係。正如耶穌歸納一個完全的人，就是一個愛上帝和愛人的人。耶穌會依納爵靈修(Ignatius Spirituality)的原則與基礎是人受造的目的：「人是上主所造，為的是讚美，尊敬，事奉吾主上主，因而拯救自己的靈魂。」[5]人受造是要與上帝相連結。耶穌道成肉身在世上所成就的新的創造，就是祂要住在祂的門徒裏面，而門徒也住在祂裏面，意思是祂與人結合，互相滲透(約十五章)，這才是基督徒人生的目的。這種結合也是發生在內在世界裏的。

二 內在衝突的觀念

1. 內在衝突的特徵

內在衝突在部分意識層次或潛意識層次中運作，內心掙扎著要得釋放，而同時又面對阻礙釋放的障礙，這樣，心智是在一種張力的狀態。部分心理分析理論指出，它是產生於本能之間的衝突，如佛洛依德後期提出的結構理論，就以內在衝突為核心的元素。若外在世界象徵著內心的本能願望之間的衝突，人便會迴避那些處境。

2. 從結構理論了解內在衝突[6]

佛洛依德在結構模式中，將人格分為三種心理狀態的隱喻：「本我」(Id)是天生的驅力、性和攻擊的衝力；「超我」(Superego)用來描述良心及理想，來自於對父母或權威人士的內化(internalisation)，它被童年文化所影響，同時來自個人的幻想及真實經驗，它包括部分自體的外顯及投射；「自我」(Ego)所描述的是人格中較理性、真實及行為導向的部分，它的任務是控制原始的本我衝動，根據現實原則並配合超我的要求，緩和衝動以適應外在環境。

古典精神分析的思考模式，常將人格視為一個戰場，強調本能及衝突、內在緊張與適應，認為人一生的發展，都處於「內在要求」或「外在現實環境」的掙扎中，其中內在的需求仍是動力的主要來源。三種心理狀態會互相衝突和產生緊張的關係。

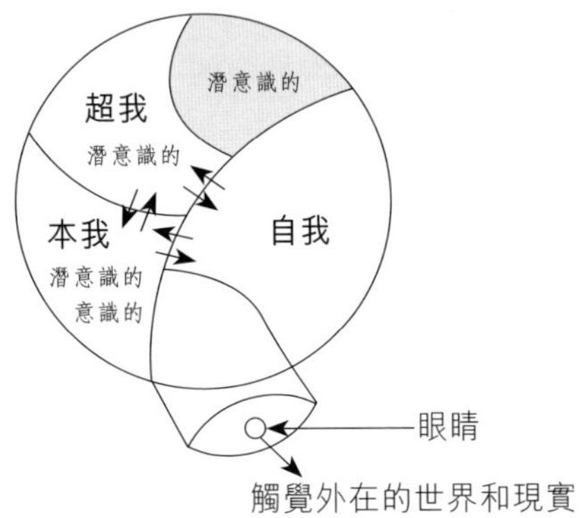

衝突需要被適應，而人生來便有適應能力，但各人的適應力不同。內在世界常意味著「延遲或等待」，換句話說，「渴望」被「理智的圍籬」無情地塑造、影響、修正、禁止或偽裝。本能的慾望無法獲得直接的表達，從結構理論來看，超我與自我會阻擋本能願望的表達。當本能願望走到意識層時，他們只能以夢、語誤，或臨牀情境中的移情來表達。個體以防衛機制緩和本能願望，而防衛機制則是內在衝突的結果。本能願望處於享樂原則及現實的要求之間，因而才有了衝突，換句話說，本能願望在過去與現在、或內在小孩和成人之間擺盪。在結構模式中，衝突來自本我、自我及超我之間的衝突，以及它們當中任何一個與外在世界之間的衝突。

3. 從人際關係理論了解內在衝突

佛洛依德將自我或內在世界視為結構，當代精神分析學家如費爾貝恩（William Fairbairn）則將自我視為自體表徵（representation of the self），將關係放在人經驗的核心位置，衍生出自體心理學（self-psychology）、客體理論（object theory）、人際關係的心理分析（transactional analysis）和人際關係模式（interpersonal theory）。[7]

客體關係理論的核心概念，是相信人最初的動機在於尋求客體或與他人的關係，而非尋求滿足，人最終的目的是為了和另一個人保持關係。嬰兒的早期活動，都是為了要與母親有接觸，長大後則是為了與別人有接觸。客體是使一個人快樂或不快樂的主體，而不是享樂的發洩對象。尋求客體的方法因不同發展階段而異；小時候是藉著餵食過程，後來則是藉著分享彼此的活動和興趣來達到尋求客體的目的。

客體關係理論的主要觀點，強調內在世界充滿了自體（self）、客體，以及這兩者之間的關係，這些內在客體之間的關係是日後人際關係的樣板，例如人與伴侶和與心理治療師的親密關係，皆受內在世界所影響。費爾貝恩的看法與佛洛依德類似，他認為人之所以發展出內在世界，是為了代替並補償未獲滿足的外在世界，其中以被挫折所引發的「攻擊」為主導。他也強調嬰兒內化經驗而進入內心的，不是一個客體而是一份關係。

心理動力治療要面對的是心理性（psychotic）和神經性（neurotic）的衝突，例如一個人意識自己不斷攻擊或埋怨上司的錯失，但潛意識是源於對權威的攻擊，再追其根源其實是來自對父親的攻擊。這樣看來，那人與上司的外在衝突，是反映或重演內在世界的自體與客體的衝突。

4. 總結

成人心理病症的主因，究竟是由外在環境的悲慘事件所引致，還是因為內在衝突，當代精神分析學界在某些要點上仍各持己見。有些精神分析的理論典範比較強調內在精神運作（intrapsychic），如佛洛依德的結構模式（structural theory）；有些則較強調人際的動力，如新佛洛依德學派的人際關係理論（interpersonal relations theory）；另一些學派的觀點則介於兩者之間，如客體關係理論（object relation theory）。然而，所有心理動力學派都共通地描述在衝突或對立的兩種層次，以下表列可以作一簡單歸納：

心理結構內的兩種層次[8]	
意識（conscious）	潛意識（unconscious）
自我（Ego）	本我（Id）
防衛（defence）	衝動（impulse）
現實原則（reality principle）	享樂原則（pleasure principle）
外在世界（outer world）	內在世界（inner world）
外在的現實（external reality）	心理的現實（inner world）
現在（present）	過去（past）
文化（culture）	本能（instinct）
假我（false self）	真我（true self）
角色（persona）	影子（shadow）
成人（adult）	兒童（child）

不同學派對於甚麼是最主要推動內在衝突的驅力（motivational drives），其主張各有側重，最初是以性的驅力（sexual drive），即追尋快樂為主，接著被侵略的驅力（aggressive drive）取代而為主要驅力，近代發展則看重追尋關係的驅力

（relationship seeking drive），此外，還有探索的驅力（exploratory drive），即需要穩妥安全的關係，承托人去冒險探索。[9]

尋求關係是人心理所必須的，是人天生的傾向，從中找到自己並得以圓滿。人一生中要倚賴別人的同在，與人互相交流，才能意識自己並自己的價值。若然這些承托和肯定自我的關係發生衝突或崩潰，就會引來痛苦甚至心病。因此，現代人更多地醒覺有需要對抗孤單，為破損的家庭和社交羣體尋找替補，換句話說，就是要追求與人合作，希望凝聚羣體。為此，人就得處理引發痛苦和衝突的來源，而心理治療關注的正是這些來源，就是衝動（impulses）、渴望（urges）和幻想（fantasies）。

三 心理動力治療的作用與意識省察禱告的作用

1. 心理動力治療的作用

人對自己和別人的認識，綜合來說，可分為已知和未知，如下圖所示：[10]

	自己已知	自己未知
別人已知	A 公開的我	B 盲目的我
別人未知	C 祕密的我	D 潛意識的我

心理動力治療涉及溝通，溝通的過程在信任和安全保護下進行，受助者向治療師自我揭示，因此第一步是先將信息由祕密的我（C）轉為公開的我（A）。然後進一步，當治療師以陪伴

者的身分用心辨別，而能將所知的消化後領悟，再引發受助者發現自己，將其盲目的我（B）轉為公開的我（A）。當雙方進入較長期而深切的治療關係，治療師可以陪伴他從潛意識的我（D）轉為公開的我（A），強化他的自我（Ego）的能力，助他與自己內在世界調整，並適應現實世界中的人際關係。

人格有如身體的機能，具有趨向痊愈和成長的自然傾向；心理治療的基本任務，就是創造一個環境，以促進這康復的進程而已。人內在有某些元素，引起痛苦或受驚。某些人際關係的衝突太可怕，令人難以面對，因此，心理動力治療師不會主導或強迫受助者進入內心，乃是讓他經驗感受被接待，漸漸將潛意識的東西浮上意識，然後被容許表達，進而被他自己明白和擁有。過程中，受助者也會發現新的方法來整合這些感受，從而更自在和有效地生活和發展自己與人的關係。

治療的條件能起動受助者的心理動力，並會與受助者互動。這些條件包括信任的關係、容許自由發言，自由聯想地說出心中動態、對過去未知的自我和人際關係，促進明白和整合。信任的關係，可以增加受助者對自己和別人的接納；誠實的交談，可以增加受助者言說的表達力，感觸到所思所感；深入的溝通，可以增加自我了解，明白潛意識的自己和人際關係的元素。[11] 治療師不能操控這過程，只能提供條件，讓這過程內化在受助者心中，這樣，受助者才能心意更新而轉化生活。

2. 意識省察禱告對化解內在衝突的作用

禱告是耶穌的門徒與上帝建立親密關係的途徑，禱告時人神在互動，而從中人能承托和整合生命。意識省察是進入內心的一種禱告，是過去四百多年來耶穌會會士每天的禱告，源自

其創會會長羅耀拉的依納爵(Ignatius of Loyola, 1491～1556年)的親身體會：[12]

> 無論一位會士的位置無論多麼卑微，依納爵都不許他不做的一項祈禱，便是意識省察，一日至少兩次……給予會士機會回顧一天中的部分時光，好發現自己在哪裏曾與天主相遇，又在哪裏逃避了這相遇。依納爵自己在日間經常作這種省察，直到臨終仍如此。他想要與主的意願一致，而省察是達至這目的的方式之一。所以他要求每位耶穌會士在一天當中花一點時間回顧當天事件，以發展分辨的能力，認出主聖靈在日常生活中的臨在。他要他的同伴們盡可能在一日中，時時刻刻都保持與主協調一致。[13]

意識省察的禱告是建基於基督的復活，祂成為一切，也在一切之內(參西三 11)。復活的基督是我們的生命(參西三 4)，關鍵在於我們要覺察到祂，在真理的光照中，並在一切事物上觸碰到主的臨在。「事物」這個詞，含有最大可能的廣度，不僅是東西或生物，最重要的還包括受造物——人。它也指事件，包括外在的(發生的事)及內在的(內心的經驗)。[14]

意識省察是在祈求聖靈的光照下，用十至十五分鐘去回顧自己當天生活的經驗，並懷著感恩之情，去留意一下自己靈魂的狀態，即個人深藏的感受，包括情緒、渴望及想法等等，將這些與主交談分享，並聆聽主的回應。留意祂肯定及鼓勵自己的地方，或要求自我調整，甚至需要轉化、被寬恕之處。最後，以祈求所需要的恩典好面對下一段時光的禱告，及以主禱文結束。[15] 故此，它不是一種不健康的內向或自我中心，而是一種醒覺，觀照自己靈性的動向，抽離地靜心觀察心靈的感觸，敏銳聖靈如何親密的臨近。省察實在是一種聖靈的恩賜，而不是靠自己努力思索。[16]

在日常生活當中，我們無法停下來作正式的祈禱，而省察就是要我們停下來，回顧生活，而與主有活生生的關聯。省察是發現主臨在我們之內，覺察到我們如何回應主的臨在，因為上帝對每一個人都有獨特的呼召和臨在的方式。

我們在回顧自己的期望和猶豫時，許多情況皆顯示出內心的衝突和拉扯分裂——徘徊在幫助和漠視、譏笑或鼓勵、說話或沉默、忽略或感謝之間。它讓我們漸漸醒覺兩個自然而生的矛盾動態，一種是善的，從上帝而來，另一種是惡的，非從上帝而來。跟從依納爵靈修的指引和在靈修導師的陪伴下作出分辨，將鼓勵我們趨向善的靈的感動，抵消那些惡靈的感動。這樣，省察便成為分辨，順從上帝的觸動和愛情，這是隨心而發，而且發生自意識的深處，並非一種道德的苦修行，而是使我們更自由地與主合一。

這樣，我們會對自己的精神更敏感：它的渴望、它的力量、它的本源；我們將會漸漸成長，而誠實地對主開放，接受祂的支援。省察能使身心整合。[17] 它也促進我們與自己的關係成長，因為它有助於意識自我和自我生命的源頭，而真理必使我們得自由。基督教看一個人的健康是心理與靈性都與基督合而為一，活著就是顯主榮美，讓基督在我們裏面活著。如此，心理動力治療師和靈修輔導[18] 雖然目的各異，然而也是上帝的禮物，能幫助人轉化內心的衝突，從而將心歸向上帝。

註 釋：

1. 佛洛依德（Sigmund Frend）生於一八五八年，逝於一九三九年，奧地利心理分析學家與精神病學家。讀者若想初步了解他的成長與見解，並對比基督教信仰和神學，可以閱讀尼可里（Dr. Armand M. Nicholi, Jr.）：《兩種上帝》，盧筱芸譯（台北：校園，2009）。
2. A. Bateman, A. Brown & D. S. Peddler, *Introduction to Psychotherapy, An Outline of Psychodynamic principles and practice*, 3rd Edition (London: Routledge, 2000), 9.
3. A. Bateman, and J. Holmes, *Introduction to Psychoanalysis, Contemporary Theory and Practice* (London: Routledge, 1995), 33.
4. 參 Bateman and Holmes, *Introduction to Psychoanalysis, Contemporary Theory and Practice*, 49。
5. 依納爵．羅耀拉(Ignatius of Loyola)：《神操——通俗譯本》，侯景文譯(台北：光啟，2003 第三版)，第 23 段。
6. A. Bateman 和 J. Holmes：《當代精神分析導論》，林玉華、樊雪梅合譯（台北：五南圖書，2005），頁 35～37。
7. 這些理論的介紹可閱讀 Bateman 和 Holmes：《當代精神分析導論》，第一至三章。
8. 節錄並翻譯自 Bateman, Brown & Peddler, *Introduction to Psychotherapy, An Outline of Psychodynamic Principles and Practice*, 48。
9. 詳細解說參 Bateman, Brown & Peddler, *Introduction to Psychotherapy, An Outline of Psychodynamic Principles and Practice*, 28～43。
10. 參 Bateman, Brown & Peddler, *Introduction to Psychotherapy, An Outline of Psychodynamic Principles and Practice*, 48。
11. Bateman, Brown & Peddler, *Introduction to Psychotherapy, An Outline of Psychodynamic Principles and Practice*, 66～81.
12. 依納爵．羅耀拉：《聖依納爵自述小傳．心靈日記》，侯景文、譚璧輝合譯（台北：光啟文化，1999）。
13. 依納爵：《聖依納爵自述小傳．心靈日記》，頁 47～48。
14. Tom O'Hara, S.J., *At Home With God: Prayer from the Beginnings*（Aurora Books / David Lovell Publishing，1998）。中譯本：歐哈拉：《與主同在》，鄭嘉斌譯（台北：光啟，2004），頁 50。
15. 嘉露．安．史密夫（Carol Ann Smith, S.H.C.J.）、尤真．馬斯（Eugene F. Merz, S.J.,）：《點滴——日常生活中的神操》，陳群英、董澤龍合譯（香

港：思維，2010），頁 100。

16. 史密夫、馬斯：《點滴》，頁 100。
17. 參網址：http://www.amdgchinese.org/big5/sections.php?cat_id=2&s_id=6&ss_id=14&sss_id=3；瀏覽於 2011 年 7 月 13 日。
18. 這裏的靈修輔導是指耶穌會的靈修導師，他們是幫助人直接與上帝交談，引導人進入與上帝的關係；助人有所發覺而非傳授教義；助人默觀自己內心及全神貫注於觀看耶穌。詳細解說請參閱貝瑞（W. A. Barry, S.J.）、康諾利（W. J. Connolly, S.J.）：《靈修輔導實務》，閒道人譯（台北：光啟文化，2009）。

10

作成和好的職事

張天和

一 引言——教會也會發生衝突

「教會肢體間遇到衝突時，應該怎樣去解決？」這個問題對於慕道友、初信者可能極為陌生，又會引起他們的困惑：「作為上帝的教會，怎麼會有衝突、矛盾呢？」但事實上，教會內存在衝突已不再是新聞，如何面對及處理此棘手的問題，為不少教會同工帶來莫大的苦惱。

天父要完成自己的計劃，祂的心意是透過教會加以成就。而教會應是一個彼此相愛、同心事奉的組織；這組織必須注重隊工、注重同心、注重合作。可是，當中的領袖多是一些有才幹、有主見的人，故在討論教會事工時，他們各抒己見，要達成共識，絕不容易。

因此，在教會中，我們可以觀察到一些景象，教牧人員雖然同工，卻不同心，並且常常花了太多時間於籌備、開會、斡旋和協調肢體間的人際問題。在執事會會議時，大家議論紛紛，甚至吵得面紅耳赤，鬧得不歡而散。有很多領袖因多見衝突，不期然對事奉感到失望、氣餒，甚至受傷，有些人因而拂袖而去，造成教會領袖嚴重流失。[1]有更多的信徒眼見教會出現衝突，為了避免被捲入有關衝突中，又或者難以接受教會出現如此境況，紛紛轉往其他教會。這樣，又如何呢！正所謂「天下教會一樣有衝突」。

筆者這樣說，並不表示對教會能夠和好不抱有希望，或甚至絕望，只是對教會現況作出一些描述。事實上，我們常說：「有人的地方，就會有問題。」這說的不錯，聖經也告訴我們衝突是人性的一部分（參路十二 51～53、57～59；羅七 18～25）。對個人而言，它是指一個人同時包括了兩種或以上相等的力量在互相競爭，這就會產生內在的衝突。[2]對羣體而言，「衝突是一種情況：當兩個或以上的人，各有自己的期望，而又知道結果是非此即彼，即只有一方能達到目標」。[3]對教會（組織）而言，這可能是因為稀少資源的分配不公，各個部門（單位）間為爭奪團體利益而形成對抗、緊張、鬥爭、競爭、爭辯等衝突表現。

人與人之間的衝突應該要加以面對並處理之，所以耶穌說：「倘若你的弟兄得罪你，你就去，趁著只有他和你在一處的時候，指出他的錯來。他若聽你，你便得了你的弟兄；他若不聽，你就另外帶一兩個人同去，要憑兩三個人的口作見證，句句都可定準。若是不聽他們，就告訴教會；若是不聽教會，就看他像外邦人和稅吏一樣。我實在告訴你們，凡你們在地上所捆綁的，在天上也捆綁；凡你們在地上所釋放的，在天上也要釋放。」（太十八 15～18）耶穌更說：「所以，你在祭壇上獻禮物的時候，若想起弟兄向你懷怨，就把禮物留在壇前，先去同弟兄和好，然後來獻禮物。」（太五 23 ～ 24）耶穌的意思不單要去處理人際的衝突，更要保持或重建在基督裏和好的關係。因此，本文嘗試探討如何作成這和好的職事，看當中有何困難，又當中需要哪些條件。

二 和好是必須的

和好對於基督徒而言，是必須的，是無可選擇的。主耶穌在地上的工作，就是藉著自己的身體，在十字架上滅了冤仇，使人與上帝和好，人與人之間的關係得以和好（弗二 14 ～ 16），這就是福音信息的核心。同時，基督徒是在和好的恩典中重生（羅五 1 ～ 2），在和好的道路上成長（林後十三 11），也帶著和好的使命進入世界，勸人與上帝和好（林後五 18 ～ 19），甚至使人與人和睦（太五 9）。

1. 和好的意義

和好是甚麼呢？這字的字根是「改變」或「更換」的意思，其後從這意義再引申出和好、恢復友好的意思。即原本和好的雙方，有一方破壞了關係後，必須有一方主動處理使其交惡的因素，因而要付出代價使關係恢復。敵對變友善，仇敵成朋友，就是「和好」。[4]

聖經中使用「和好」這個詞，在馬太福音五章 23 節說，弟兄向你懷怨，是因為你得罪了他，所以你到上帝面前之先，必須先去向你弟兄道歉和好；哥林多前書七章 10 至 11 節裏，保羅提到妻子若離開丈夫，應回來與丈夫和好；丈夫若做錯事，應回來與妻子和好。這兩處經文是指人與人關係的回復。其他

「和好」的用法，無論名詞和動詞均是宗教性用法，保羅特別指出，在信仰中，要恢復與上帝的關係，因為罪使我們與上帝的關係被破壞，人與人之間才會出現問題。回到創世記中，我們看見上帝與祂所創造的亞當夏娃原本有很好的關係，但是人破壞關係後，人便躲避上帝。亞當也怪罪夏娃，使他們的關係破裂，進而導致萬物受咒詛，人與萬物的關係也遭破壞。

2. 基督徒間要和好的幾個原因

為何基督徒需要彼此和好呢？游宏湘牧師在討論這問題時，基於聖經的教導，提出了幾個重要的原因：[5]（1）耶穌基督是和好的職事與榜樣：耶穌道成肉身，死在十字架上，成了贖罪祭，使人與上帝和好（羅五 10～11）；福音傳到外邦，使外邦人和猶太人被同一個靈所感動而和好（弗二 15～16）；祂也使萬有與上帝和好（西一 20）。耶穌的工作自然也包括上帝兒女之間的和好，聖經中有多處吩咐信徒要彼此和睦（可九 50；羅十二 18；林後十三 11 等）；（2）主託付我們和好的職事：保羅在哥林多後書五章提到信徒藉耶穌與上帝和好，而且上帝將和好的職事和道理託付了我們（林後五 18～20）；（3）信徒互為基督的身體，要彼此相顧，聯絡合適，因此必須和好（林前十二 22～25）；（4）信徒在基督裏的合一是聖靈賜給我們的，我們要竭力保守，要時常彼此寬恕，藉著和好繼續彼此聯結（弗四 1～4）；（5）信徒當彼此和睦，也要使人和睦，這是教會的見證，也是教會領袖的重要事奉及責任；（6）和好影響福音的傳揚：基督徒不和，會使世人難以相信耶穌真是從上帝而來的救主，和好的見證可以使上帝的名得榮耀，被高舉，吸引人歸主，如使徒行傳四章中所描述的初代教會一樣。

三 實踐和好的困難

基督徒雖然知道和好的重要，可是基督徒間出現衝突、彼此不和的情況，卻時有所聞，甚至經勸解也未能和好。箴言也曾道出其中的難處說：「弟兄結怨，勸他和好，比取堅固城還難；這樣的爭競如同堅寨的門閂。」（箴十八 19）究竟其中有何困難呢？

1. 因驕傲而不肯謙卑

人因驕傲常樹立屏障，也阻止屏障的拆毀，及阻礙關係的重建。靈修大師克勒窩的伯爾納（Bernard of Clairvaux）更指出，基督徒生命中的不謙卑會產生不能相愛、不能順服、不能合一的心。這些驕傲會透過不同方式表現出來，包括：不嚴謹守望自己的行為和心靈；以勝過別人為樂、不及別人為苦；以突出自己來引以自豪；自誇、喜歡發表自己的言論，卻不願意聆聽別人的意見；愛自己的面子、尊嚴和名譽過於一切；沉醉於自滿與自我欣賞；自以為義；用假謙卑去博取別人的讚賞及不服從領導的權柄等。[6]

2. 因排他而不願接納

人生長在不同環境，有著不同的性格、能力、做事理想和生活習慣，是上帝的恩賜。要完成祂救贖人類的工程，要為上帝管治好祂交給人類的世界，最適當的做法，就是各人懷著自己的「專長」，緊守不同的「崗位」，互相支持，互相鼓勵。可惜由於人性的軟弱及無知，很多時各人只看到自我的存在，以為自己就是上帝救贖計劃中的全部，或者最少是計劃中較重要的部分；人往往變成以自我為中心，認為自己所做的一切都是對的，別人都有錯，而自己卻沒有，就算有錯，也是錯得最少；因此不但不能對自己的行為加以反省，相反處處為了要刻意「糾正」或「懲罰」別人的「錯」時，用了一些使人難堪的態度，以致與人產生衝突，這都因性格及處事方式的差異而引起不和。

3. 因懼怕失去而不敢放手

懼怕與執著常連在一起。由於懼怕失去已擁有的東西，人就會死抓著不肯放，這些人、事、物成了我們生命中的執著（attachment），從此更生活在擔心失去他（它）們的恐懼中。這樣，就跌入了懼怕與執著的惡性循環中。而事實上，我們緊抓著不放的原因，可能不是留戀他（它）們所帶來的快樂和滿足，而是不能忍受失去他（它）們之恐懼，因我們不能容許自己有恐懼，不承認自己有恐懼。我們的意慾因為專注地追求各種執著，已無多餘的力量來尋找和好。

4. 因受傷害而不肯饒恕

在衝突中，受傷害是很真實的感受。不饒恕，使受傷的一方彷彿被保護，其實反而是被長久的苦毒和怨恨捆綁又套牢。這苦毒會像滾雪球般愈滾愈大，實在是跟自己過不去，愈來愈折磨自己。這樣，那怎可以經歷和好呢？使傷害消除的惟一解藥，就是饒恕。有人說：「三分之二的人的內心痛苦，會在饒恕自己和別人時化解。」饒恕是經歷內心受傷感覺被醫治不可或缺的環節。饒恕的意思，就是放棄對傷害我們的人做報復想法和行為的權利，就是饒了他。不是說他沒有錯，而是選擇不再對他生氣。饒恕是在我們了解並感受心裏的疼痛後做的決定。不是壓抑、忽略受傷的感覺或忘記受傷的記憶，或當擋箭牌來防禦、否認受傷的感覺。饒恕是放棄繼續浸泡在由受傷所導致的種種情緒中的權利。[7]

5. 因一廂情願而不顧及對方的意願

和好必須出自雙方的意願，若一方不願意，就難以成事。很多時，衝突雙方只有單方面期望重建和好關係，因而釋出善意，向對方示好，可是另一方卻無動於中。這樣，不但不能重建和好，反而會令主動的一方更氣餒，失去尋求和好的動力。[8]

四 如何達致和好？

和好的效果是停止衝突，但這不是終點。和好不單是消極地停戰，更重要的是要積極地重建彼此的關係。若要達致和好，衝突雙方要先從自我省察開始，讓聖靈光照我們內心的深處，面對受傷的感受，並要彼此認罪及彼此饒恕。

1. 自我省察

在衝突中，我們多少會受到傷害，情緒會高漲，會變得保護自己，會敵視對方，這時候根本沒有空間去省察自己有沒有當負的責任。然而，要達致和好，首先要反省自己，了解自己的內心世界。

自我省察是通過個體自身有意識地分析自己的活動與行為來自我認識，以獲得「自知之明」。就是要自我觀察，對自己的行為、感情、慾望、能力等作出深入的了解，其目的是認識自己的缺點、特長和不足，最終實現個體的自我調控。「知人難，知己更難」，自我省察是一種複雜的心理現象，要學會正確、透澈地認識自己並不是一件容易的事情。[9] 所謂的「當局者迷」就是人在立身處事中常處於迷亂狀態，對自身的言行並沒有一個明確的認識。同時，自我省察也是將個體的注意力從別人轉移到自己身上，從外在客觀世界轉移到內在認識主體的心理活動。[10]

在衝突中，無論誰對誰錯，雙方都有責任先省察自己，客觀地審視自己的言與行，然後才可以客觀地審視對方的言與行。這樣，也才有可能塑造建立和好的平台。

2. 處理內裏受傷的感受

人在衝突事件中受了傷，很多時會導致沒有安全感，常作壞打算、敏感、不信任人、退縮、甚麼都怕。他需要處理內裏的創傷，否則難以去處理及解決所面對的衝突。麥朗尼（H. Newton Malony）提出四個「R」，[11] 有助於受傷得醫治：（1）回想（Remembrance）：我是上帝所愛的，祂保護我、接納我；別人的誤解、中傷和侮辱，有沒有改變了這個事實？（2）肯定自己（Re-affirmation of self）：我是被上帝尊愛，是有價值的，這是不能被搖動的事實；（3）悔改（Repentance）：為著自己在言語、行為對人的傷害，以及自己對人有過敏的反應而悔改；（4）肯定別人（Re-affirmation of others）：對方同樣是被上帝所厚愛，是有價值的。其實，我們是在同一位置上。

3. 彼此認罪

認罪是上帝提供給我們的方法，為要除去阻礙我們與上帝、與人建立關係的障礙物。雅各建議，當我們犯罪時，不僅要向上帝認罪，也要向基督徒伙伴認罪。當我們願意為得罪人的行為公開致歉時，我們便會得到莫大的自由（參雅五 16）。

不錯，我們在上帝面前，除了真誠地承認自己的罪外，也要向鄰舍認罪，尋求和睦，消除彼此敵意，使眾信徒互相聯絡，保守合而為一的心。信徒若因自己的罪，傷害了鄰舍，就應該負責平息鄰舍的怒氣，叫鄰舍與自己和好。這就是馬太福音所記載耶穌基督談到的認罪方式。當信徒承認得罪弟兄的罪，並請求他的原諒，如此，信徒與弟兄之間被破壞的愛，就得以恢復（參太五 23 ～ 24）。

謹記，認罪不是軟弱的記號，是你拒絕讓罪存在於自己生命的明證。

4. 彼此饒恕

饒恕別人是我們蒙上帝饒恕的條件（參太十八 35）；因此，饒恕是一個命令，也是我們經歷主的赦免的回應。

很多時，我們會將饒恕誤解為一種感覺或情緒，以為是要為對方的錯誤找藉口，甚至遺忘發生過的事情。基本上，饒恕是一個決定，這決定包含：（1）選擇不再將思想停留在這件事上；（2）不再翻出來作為攻擊、傷害他人的理由；（3）不在口頭上提起過去的傷害事件和歷史；（4）不再讓這件事成為你我之間的攔阻或阻隔，因而影響了你我之間的關係。[12]

在學習和好之前，衝突雙方要彼此饒恕，因為每個不饒恕別人的人，都能舉出很多不饒恕的理由，並且大多數會認為自己的傷害，比別人更大、更慘。但是，我們的確看到有些更大、更慘的悲劇受害者，卻能在饒恕中重獲自由，再度展翅！

5. 和談 [13]

和談包括兩個要素：就是以「和好」為目標，雙方坐下來

「協談」。

沒有和好的目標，談話可能只是「算賬」或「自辯」，甚至「洩憤」，只會令事情更糟，使關係更差。有和好的目標，表示願意在整個過程中以愛心聆聽對方的看法、感受、需要與難處，也表示重視關係的重建。[14] 因此，和談是要透過非暴力溝通[15] 與對方聯結，去解決衝突問題，務求能達到合情合理、和好雙贏的局面。甚至為主的緣故，寧願自己吃虧，成為我輸、你贏的情況，也必會蒙受上帝的祝福。

由於和談的目的就是重建基督徒該有的關係，因此在對談的時候要留意：(1) 帶著尊重與愛心，禮貌也很重要；(2) 清楚表達自己想解決或處理的問題，盡可能把人與事分開；(3) 在指出對方錯處的同時，給對方澄清與解釋的機會；(4) 透過聆聽，了解對方的出發點和所關注的問題；(5) 留心語調，不要咄咄逼人，滿有恩慈而堅定。[16]

五 誰來作和好使者？

要為衝突雙方作成和好的職事，需要有第三者——「和好使者」來參與。這人的個人素質可以說是十分重要的，他必須能夠被接納，並且調解技巧要熟練、公正而行事謹慎；他也是一個能接納別人、能在感情上支援別人的人，並且他必須要了解衝突的行為及其張力。讓我們看看自己是否有這些素質，也了解這人扮演著怎樣的角色，發揮甚麼功能。

1. 和好使者的素質[17]

由於和好使者對衝突處理的成與敗有直接的影響，這個角色有些不可或缺的素質，包括：(1)確信自己的價值與能力：有信心去扮演這個角色；(2)能激發其他人的信心，幫助每一個人能盡力而為；(3)有彈性和堅持不懈：因和談不是一蹴即至，過程中有很多變化，他要有能力變通及另持辦法；(4)堅守中立，不偏幫任何人，也不替任何人說話，這才可以得各方的信任；(5)訴諸理性，避免感情用事；(6)使討論或談判集中在問題上，不牽涉到人身上；(7)用描述式說話，不作判斷或忠告；(8)能明白別人的心靈創傷，因他知道脆弱的自我和創傷的心靈有很強的控制力和爆炸力，會破壞和談；(9)要表現出自我克制和內心的平安：若他自己都失去耐性，衝突雙方就更難克制自己。

2. 和好使者的角色[18]

和好使者在處理衝突過程中，會扮演不同的角色，例如：調解者、導師、分析師、聆聽者等等的角色，來協助衝突雙方解決他們的問題，以達成和好。從事不同的角色，就要運用不同的技巧，使雙方可以共同合作，和好使者要分析有關衝突的內容及起因，因此他要清楚了解自己的角色。一般他要扮演以下角色：(1)建立雙方的信任及信心：當得到當事人的信任，他就可以使他們說出「真心話」；(2)協助雙方建立一個調解機制，營造良好的合作氣氛；(3)協助分析有關衝突的爭議事項，帶領他們離開堅定的立場，尋找可行的方案；(4)協助及鼓勵他們進行有建設性的溝通；(5)教導及鼓勵衝突雙方：有時衝突是出於無知，這時需要教導；有時不願面對及處理衝突是沒有勇氣，這時需要鼓勵。

雖然扮演和好使者的角色殊不容易，但讓我們一同學習成為和好使者。在日常生活中作好準備，例如：多認識有關調解觀念及技巧之書籍，多運用理性思維分析不同性質及範疇的問題，與人建立良好及和諧的關係等，說不定身邊弟兄姊妹正等待著你這個和好使者的出現。

六 結論

總而言之，衝突是人際關係的正常現象，是不可避免的事。在民主意識漸漸高漲的現代社會，人人都有主意，很少有人服輸，因此人際間的衝突比較公開化。只是在我們的教會團契中，一向都強調彼此相愛及和睦，於是即使信徒間有了不愉快的爭議，也不形於色。但這並不表示沒有衝突。有時候沒有公開的衝突反而會導致更大的衝突，到了積鬱難忍的時候，便會一發不可收拾。所以衝突應及早排解。

另一方面，若信徒們都願意遵照上帝的吩咐而行，竭力維繫信徒間的和好關係，縱使我們不是擔任和好使者，仍可以先調整自己的心態，好好管理自己，因為這是我們要向上帝負起的首要責任。我們要：(1)對上帝 —— 把控制權交還給上帝：求上帝保守自己說話、行事在主的旨意中，不需要堅持自己的立場，為自己辯護或爭取甚麼；(2)對事 —— 重新解讀，找出癥結：可以從一個積極、有意義的角度來看我們的際遇及所發生的事情；找出事情的癥結、或真正的原因，就更能有效地幫助解決這個問題；(3)對己 —— 承擔自己的責任：先處理自己的問題，再看整個問題，觀點和感受就會不一樣；先處理自己的內心世界，就會減少對別人的埋怨；(4)對人 —— 小心下結論，選擇以德報怨：多設法了解對方，不要切斷溝通協調的管道，多發掘對方的優點，這有助解決衝突。記住：總要以愛相待。[19]

當想到作成和好的職事，心中即時泛起聖法蘭西斯（St. Francis of Assisi）的禱文，這禱文充滿著相反相成的特色！同時，又著重反求諸己的精神！有心人將這禱文譜上樂曲，成為一首優美的詩歌，讓我們常有機會頌唱這首詩歌，成為我們的提醒。

使我作你和平之子，在憎恨之處播下你的愛；
在傷痕之處播下你寬恕；在懷疑之處播下信心。
使我作你和平之子，在絕望之處播下你盼望；
在幽暗之處播下你光明；在憂愁之處播下歡愉。
使我作你和平之子，在赦免時我們便蒙赦免；
在捨去時我們便有所得；迎接死亡時我們便進入永生。

副歌：哦，主啊使我少為自己求，少求受安慰，但求安慰人；
少求被瞭解，但求瞭解人；少求愛，但求全心付出愛。[20]

註 釋:

1. 盧家馭：〈尋找衝突根源〉；參網址：http://biblecast.net/book/shijian4/ah/jm2/tt.htm；瀏覽於 2011 年 11 月 11 日。
2. 陳宗仁：〈如何處理信徒間的衝突〉。參網址：http://www.ttcs.org.tw/～church/23.1/03.htm；瀏覽於 2011 年 10 月 24 日。
3. 轉引自唐納德 C ‧ 帕爾默（Donald C. Palmer）：《創意處理衝突》，何敏璇、石彩燕合譯（香港：基道，2001），頁 5。
4. 黃彬：〈和好的職事〉；參網址：http://www.yhchurch.org/Column/

Sermon/2006/sermon20060205.htm；瀏覽於 2011 年 11 月 21 日。

5. 參游宏湘、邱清萍：《教會衝突的處理與重建》（美國：中信，2002），頁 198～200。
6. 轉引自陳校慈：《人際衝突與靈命塑造》（香港：基道，2000），頁 66～69。
7. 張怡坤：〈選擇饒恕的人所得的好處遠勝於被饒恕的人〉；參網址：http://www.clinic.org.tw/discuss/lecture31.htm；瀏覽於 2011 年 11 月 22 日。
8. 游宏湘、邱清萍：《教會衝突的處理與重建》，頁 207～208。
9. 陳校慈在《人際衝突與靈命塑造》一書中，引用心理學家容格（Carl Jung）論述的陰影（shadow）來闡釋這種複雜的心理現象。參陳校慈：《人際衝突與靈命塑造》，頁 38～43。
10. 〈如何學會自我省察〉；參網址：http://www.bdstar.org/Article/Class149/Class152/Class153/200810/4836.html；瀏覽於 2011 年 11 月 23 日。
11. 轉引自陳校慈：《人際衝突與靈命塑造》，頁 86～87。
12. 張宰金：〈饒恕是甚麼？〉；參網址：http://www.ces.org.tw/main/action/message/2005～9/0509～c.htm；瀏覽於 2011 年 11 月 22 日。
13. 有關「和談」這個主題，筆者會在本書的另一篇文章中作詳細的討論，因此在此只作簡單交代。
14. 游宏湘、邱清萍：《教會衝突的處理與重建》，頁 218。
15. 非暴力溝通是讓我們集中注意力於兩個關鍵性的問題上：（1）在我們的內在，活生生的東西是甚麼？（2）我們能做甚麼來使生活更美好？參馬歇爾．盧森堡（Marshall B. Rosenberg）：《這樣説話，你我都是大贏家——化解衝突、創造連結的非暴力溝通法》，鄭嘉珷譯（台北：光啟文化，2011 年），頁 27～53。
16. 游宏湘、邱清萍：《教會衝突的處理與重建》，頁 227。
17. 參帕爾默：《創意處理衝突》，頁 101～104；參陳校慈：《人際衝突與靈命塑造》，頁 118；及參陳宗仁：〈如何處理信徒間的衝突〉。
18. 參江仲有編著：《調解技巧》（香港：萬里機構，2004），頁 150～156。
19. 參游宏湘、邱清萍：《教會衝突的處理與重建》，頁 171～181。
20. 歌詞取自：http://www.christianstudy.com/data/hymns/text/c1928.html；瀏覽於 2011 年 11 月 25 日。

編者跋

趙崇明

寫這篇跋的時候，正值 Dolce & Gabbana（簡稱 D&G）禁止港人在櫥窗外拍照、孔慶東罵港人是狗、港人嘲諷內地人為蝗蟲、雙非孕婦和自駕遊等衝突事件接二連三地發生，這暴露了中港兩地居民因身分危機、利益分配和文化差異而造成的族羣矛盾。誠然，利益、差異、恐懼和怨恨，往往是造成人與人之間矛盾衝突的主要成因。

現實上人與人之間的各種差異很難避免，又有誰不想維護自身的利益，而身分認同亦的確是重要的人生任務。於是，一旦面對身分危機的挑戰，以及利益受到威脅的時候，便很容易被恐懼或憂慮的情緒困擾，自然就會啟動心理的自衞機能，將差異變成敵對，將異己者視為敵人，在敵我不能兩立的思維作祟底下，就讓憎恨夾雜在恐懼的情緒之中，便懷著報復的心態向對方開戰。歸根究柢，怨恨的敵對意識，可算是製造矛盾衝突和燃起報復之心最大的原動力。

故此，如何疏導和處理怨恨（尤其是積怨），一直被認為是解決衝突以達致和平的不二法門。難怪保羅勸誡人「不可含怒到日落」;大文豪蕭伯納(George Bernard Shaw)更語帶嘲諷地提醒:「憎恨只是被嚇倒的懦夫用來報復的手段。」拿破崙(Napoléon Bonaparte)也說:「大丈夫誰都不憎恨。」

當大家都公認憎恨是帶有殺傷力的負面情緒的時候,希施列(William Hazlitt)在其《論憎恨之樂》(*On the Pleasure of Hating*)中,卻標奇立異地指出憎恨的積極功能:「沒有憎恨的對象,我們就沒有思想與行動的泉源……生命會變成一潭死水。」在他的心目中,由憎恨而造成的矛盾對立,卻成為推動或刺激生命的原動力。也許希施列只是道出人性的事實,的確有些人不甘寂寞,不能忍受沒有對手或敵人的沉悶生活,於是人們要不斷製造敵人,要不斷製造矛盾和衝突,甚至戰爭,尤其是充滿競爭的資本主義社會,充斥著製造敵人的文化。

基督徒對怨恨和衝突又有何看法?耶穌所說的「愛仇敵」如何可能?信徒如何在充滿爭鬥的世界作和平之子?難道我們可以抽離或漠視現實的掙扎而空談理想麼?在這個戰爭頻仍、充滿族羣矛盾和人際衝突的現實世界裏,也許有一個問題非常重要:究竟教會是甚麼?

不少信徒會侃侃而談,教會是一個充滿愛的大家庭,各成員在其中享受親密關係(intimacy),也許「家庭」這個比喻,已經成為眾信徒根深柢固的教會形象(image)。然而,這種單單強調親密家庭關係的教會形象,究竟能否足以對應矛盾衝突的複雜世情呢?何況辛納特(Richard Sennett)指出,「親密的暴政」(tyrannies of intimacy)這種意識形態,已經主宰了不知多少現代資本主義社會的核心家庭,猶如經歷暴政的管治。意思是,整個家庭生活只圍繞著最親密的關係盤旋,最關心的亦只是最親密的家庭成員的私事和私益。簡而言之,這是一種著重私有化的圍內心態。倘若這種「親密暴政」的家庭觀，同樣逐漸影響教會的文化，則教會可能只會愈來愈將信仰變得私有化，愈來愈排外，也愈來愈不懂得跟異己者交往，亦愈來愈無法為這衝突的世界帶來和平的福音。

耶穌說：「人到我這裏來，若不愛我勝過愛自己的父母、妻子、兒女、弟兄、姊妹，和自己的生命，就不能作我的門徒。」（路十四 26）聖經又如此記載：「有許多人在耶穌周圍坐著，他們就告訴他說：『看哪，你母親和你的弟兄在外邊找你。』耶穌回答說：『誰是我的母親？誰是我的弟兄？』就四面觀看那周圍坐著的人，說：『看哪，我的母親，我的弟兄。凡遵行上帝旨意的人就是我的弟兄姊妹和母親了。』（可三 32～35）帕爾默（Parker J. Palmer）在其《與陌生人作伴》（*The Company of Strangers*）一書中對上述兩段經文有很好的詮釋，他指出了，經文所蘊含的家庭觀念是既有否定又有肯定的弔詭性。耶穌一方面對「親密暴政」的核心家庭觀念作出批判；但同時又認定上帝的國度才是真正的大家庭，這國度不但包括外人在內，而且更會將那些陌生的異己者當親人看待，當然這也是一個能面對和化解衝突的和平國度。如此說來，教會不是「親密暴政」式的家庭，它最多只是透過接待陌生人而見證上帝和平國度的「中途宿舍」（halfway house）而已。

願將這部文集獻給那道成肉身、住在異己者的中間，並建立了教會的耶穌基督，祂是世界的真正和平之子。

二〇一二年二月十四日情人節

寫於家中

作者介紹

（按照文章次序排列）

蘇遠泰

香港神學院神學及歷史科專任講師

鄧瑞強

香港神學院神學及歷史科專任講師

趙崇明

香港神學院神學及歷史科專任講師

張慧玲

香港神學院聖經科及實用神學科專任講師

張祥志

香港神學院聖經科專任講師

邵樟平

香港神學院聖經科專任講師

褚永華

香港神學院院長、香港神學院聖經科專任講師

張天和

香港神學院實用神學科專任講師

歡迎報讀香港神學院各類課程

1. 道學碩士課程(Master of Divinity)

全時間三年課程，共修讀110學分。

2. 道學碩士(教牧進修)課程(Master of Divinity (Pastoral Studies))

部分時間課程，最多在七年之內完成，共修讀70學分。

3. 基督教研究碩士課程(Master of Christian Studies)

部分時間課程，修讀時間需要三至七年，共修讀51學分。

4. 神學學士課程(Bachelor of Theology)

全時間四年課程，共修讀139學分。

5. 神學文憑課程(Diploma in Theology)

全時間要修讀一年，部分時間要修讀二至五年，共修讀36學分。

6. 延伸證書課程

不限修讀年期，最少要修讀8科。

歡迎各教會信徒報讀，欲索取詳細資料，請瀏覽本院網頁www.bshk.edu.hk或致電2194 3003聯絡教務處郭小姐查詢。

緊扣時代 服事教會

以文字傳揚基督真道

讀者意見表

衷心多謝你購買本社書籍。本社一直致力以出版事工服事教會，幫助信徒扎根於神的話語，促進靈命增長。為使我們的出版更能滿足你的需要，請填寫下列各項資料，並寄回或傳真予本社。

所購書籍：＿＿＿＿＿＿＿＿＿＿

本書最吸引你的地方：

□作者 □適切性 □文筆 □設計 □實用性

□其他：＿＿＿＿＿＿＿＿＿＿

購買本書地點：

□基道書樓 □基督教書店 □非基督教書店

性別：□男 □女 職業：＿＿＿＿＿＿＿＿

信仰：□基督徒 □非基督徒

年齡：□ 16 歲或以下 □ 17～25 歲 □ 26～35 歲

□ 36～55 歲 □ 56 歲或以上

學歷：□中三或以下 □中五 □預科

□大學 □研究院

□我欲更多了解基道出版社的事工及考慮支持，請寄給我下列資料：

□機構簡介 □新書資料 □基道會員通訊

□《基道文字事工通訊》

姓名：＿＿＿＿＿＿＿＿＿＿ 電話：＿＿＿＿＿＿＿＿

地址：＿＿＿＿＿＿＿＿＿＿＿＿＿＿＿＿＿＿＿＿

＿＿＿＿＿＿＿＿＿＿＿＿＿＿＿＿＿＿＿＿

傳真：＿＿＿＿＿＿＿＿ 電子郵件：＿＿＿＿＿＿＿＿

其他意見：＿＿＿＿＿＿＿＿＿＿＿＿＿＿＿＿

＿＿＿＿＿＿＿＿＿＿＿＿＿＿＿＿＿＿＿＿

多謝賜教！

意見表可以傳真（2687-0281）或直接郵寄以下地址：
香港沙田火炭坳背灣街26號富騰工業中心1011室
基道出版社編輯部收